班主任怎样开展研修？

从理念到实施：班主任校本研修指导手册

李秀萍◎著

广州出版社
GUANGZHOU PRESS

图书在版编目（CIP）数据

从理念到实施：班主任校本研修指导手册 / 李秀萍著. -- 广州：广州出版社，2025. 1. -- ISBN 978-7-5462-3806-7

Ⅰ. G635.16

中国国家版本馆 CIP 数据核字第 2024U5J005 号

书　　名　从理念到实施：班主任校本研修指导手册
　　　　　Cong Linian Dao Shishi: Banzhuren Xiaoben Yanxiu Zhidao Shouce
著　　者　李秀萍
出版发行　广州出版社
　　　　　（地址：广州市天河区天润路 87 号 9 楼、10 楼　邮政编码：510635
　　　　　网址：www.gzcbs.com.cn）
责任编辑　黄焕姗
责任校对　张　申
印刷单位　广东鹏腾宇文化创新有限公司
　　　　　（地址：珠海市香洲区唐家湾科技九路 88 号 10 栋厂房　邮政编码：519085
　　　　　联系电话：0756-8283948）
规　　格　787 毫米×1092 毫米　1/16
字　　数　234 千
印　　张　12.75
版　　次　2025 年 1 月第 1 版
印　　次　2025 年 1 月第 1 次
印　　数　1—6000 册
书　　号　ISBN 978-7-5462-3806-7
定　　价　58.00 元

发行专线：（020）38903519　38903518　38903521

序　言

本书是笔者围绕班主任工作写就的第四本著作，前三本分别为《不一样的班级管理：价值观教育的实用策略》《班会课怎么上才有效？》《用好班规带好班》，从不同视角解析班主任应该具备的核心素养。

“找一所好学校不如找一个好班主任。”从这句话足以看出班主任对学生成长的重要性。在实践中，我们也能深刻体会到这一点。班主任把自身的人生观、价值观、世界观等带到班级，并通过班级管理方法、师生交往举措、解决问题的策略等，在日复一日的班级生活中塑造出独有的班级育人生态，在潜移默化中深刻影响每个学生在班级的身份体验、情感体验、价值体验等，影响学生在当前学段的学习、生活状态，影响学生后续学段的学习、生活质量。

随着家长对学校教育关注度的提升，班主任在架起家校共育桥梁、传递学校教育理念、为学校正面形象“加分”等方面发挥的重要作用越来越被人们认可。与此同时，由于班主任专业素养欠缺导致的种种师生、生生、家校冲突耗费了班主任乃至学校的许多精力。为此，提升班主任专业素养成为班主任以及学校的共同心声。

在此背景下，班主任校本研修逐渐发展起来。然而，校本研修如何开展？班主任如何才能掌握校本研修的“密码”，在自身现有力量的基础上借助团队力量提升专业素养？这是目前迫切需要解决的问题。

笔者基于17年的班主任研究积累以及长期在学校指导班主任研修、辅导班主任参与基本功展示的经验，总结出班主任常用的、实用性强的校本研修方式，包括基于教育案例的研修、基于问题情境的研修、基于经验总结的研修、基于工作坊的研修，试图解密高质量研修的要素和规律。书中引用的案例主要来自笔者的实际指导，有非常强的可操作性，也能证明本书提出的研修方式确实能助力班主任的专业成长。本书还引用了很多班主任的具体案例和相应做法，如有标注遗漏之处，还请谅解。

在基于教育案例的研修中，班主任可以通过撰写自己的教育案例进行教育理念和策略的总结与反思，也可以通过共研班主任团队撰写的教育案例对案例中的教育现象进行研讨，透过教育现象分析教育本质。然而，教育案例如何撰写？怎样的教育案例才具有研修价值？如何才能发挥教育案例的研修价值？在基于问题情境的研修中，班主任可以把自己遇到的实际问题拿出来讨论，也可以参与讨论同伴遇到的实际问题，通过多重对话进行理念审思。基于问题情境的研修，不仅能给班主任提供解决问题的直接策略，而且能实现“小问题大思考”，透过班主任解决实际问题的思路和策略，分析班主任的学生观、班级观、班主任观。在实践中，基于问题情境的研修是班主任非常喜欢且便捷高效的一种研修方式，但并不是所有的情境都有研修价值，应选择哪些情境开展研修？情境中有哪些潜在的研修价值？班主任应如何借助问题情境提升核心素养？在基于经验总结的研修中，班主任对自己的带班经验进行系统总结，进而明晰自己的带班理念。班主任应从哪些角度进行经验总结？经验总结的要点是什么？如何借助经验总结明确自己的带班育人风格？在基于工作坊的研修中，班主任可以借助团队力量，通过同伴互助等方式，围绕身边的真实问题开展深度研修，工作坊如何运作？基于问题的集体研修有哪些实施要点？班主任只有回答了上述问题，掌握了相关的技能要点，才能真正发挥校本研修的价值。本书提出的校本研修方式既可以是班主任自主开展独立研修的方式，也可以是班主任团队开展集体研修的方式。

借助以上研修方式，班主任可以反思自己的育人理念，促使自己从“小我”走向“大我”，站在立德树人的视角来分析自己的一言一行；促使自己从“浅层”走向“深度”，修正不正确的教育理念，看到问题背后的本质；促使自己从“隐性”走向“显性”，把原先“说不清楚”的想法用清晰的理念表达出来；促使自己从“分割”走向“完整”，把零碎的经验进行分门别类的总结，借助源源不断的“拼图”使自己的带班理念和育人策略不断“饱满”；促使自己从“常态”走向“创新”，通过对自我和他人经验的剖析，激励自身不断创新带班策略。

不同的研修方式各成一章，共同构成了本书的核心主体。在此基础上，本书又增加了两章，一是引出班主任校本研修的第一章，重点回答“班主任需要怎样的核心素养”，阐明班主任只有明确核心素养，才能有目标、有针对性地提升；二是对班主任校本研修进行总结的第六章，重点回答“班主任研修最终指向”，阐明班主任只有在“术”的基础上提升“道”，提升思维品质，才能真正借助班主任校本研修提升核心素养。

班级生活对学生产生的直接影响和间接影响、显性影响和隐性影响、当下影响和未来影响，我们很难用量化手段来检验。班主任作为相对独立的“教室领导者”，其思维品质决定了班级的功能，进而决定了班级育人价值的阈值。提升班主任核心素养的目的是促进学生成长。班主任能力越强，就越能很好地解决面临的问题与挑战，也越能创造性地开展有意义的班级建设工作，进而提高自身职业幸福感，实现师生生命的相互润泽。

在第三十九个教师节到来之际，习近平总书记在致全国优秀教师代表的信中，要求全国广大教师以教育家为榜样，大力弘扬教育家精神，并从理想信念、道德情操、育人智慧、躬耕态度、仁爱之心、弘道追求6个维度对教育家精神做出深刻阐释。相信每一位作为学生成长导师的班主任都有着教育家精神描绘的初心，致力于通过自身努力，成为学生认可、喜爱的班主任。然而，如何把日常工作与专业研修结合起来，始终是困扰班主任的问题。本书着力于解决班主任的困惑，从班主任最容易获得的载体入手，借助案例分析和要素剥离，助力班主任掌握自我研修和团队研修的策略。

笔者撰写本书的初衷有3个，一是服务学校班主任队伍建设，希望学校可以借助这些载体开展班主任团队研修；二是服务班主任个体，希望每一位班主任都可以借助研修提升专业核心素养，使研修不再成为负担，而成为生活中的常态“营养”；三是服务班主任参与基本功展示，借助展示促进提升，引导班主任看到基本功展示中的“育人故事”“带班育人方略”和“情境问答”项目中镶嵌的研修价值，在“展示”中享受“成长”。

班主任校本研修是一个尚待深入研究的领域，希望本书的出版能对这方面的研究工作起到一点推动作用，也希望有更多同人能从事并深入开展此方面的研究，共同推动班主任队伍建设。

李秀萍

2024年12月

目 录

第一章

基于研修提升核心素养

教育的高质量发展离不开优秀的教师队伍，党和国家历来非常重视教师队伍建设。2006年，《教育部关于进一步加强中小学班主任工作的意见》指出，中小学班主任是中小学教师队伍的重要组成部分，是班级工作的组织者、班集体建设的指导者、中小学生健康成长的引领者，是中小学思想道德教育的骨干，是沟通家长和社区的桥梁，是实施素质教育的重要力量。2010年，《国家中长期教育改革和发展规划纲要（2010—2020年）》提出，建设高素质教师队伍，提高教师业务水平。2014年，《教育部关于全面深化课程改革 落实立德树人根本任务的意见》指出，强化教师育人能力培养。2018年，《中共中央 国务院关于全面深化新时代教师队伍建设改革的意见》指出，兴国必先强师，造就党和人民满意的高素质专业化创新型教师队伍，落实立德树人根本任务。2018年，习近平总书记在北京大学师生座谈会上发表讲话指出，人才培养一定是育人和育才相统一的过程，而育人是本。班主任是落实立德树人根本任务的重要主体，提升班主任核心素养是迫切需要。

林崇德在《21世纪学生发展核心素养研究》一书中提出，核心素养是每个人具备的多种素养中最关键、最必要且居于核心地位的素养，是逐步形成的适应个人终身发展和社会发展的必备品格和关键能力。可以看出，核心素养是教师完成一项任务所体现出来的综合素质，它指向未来可持续发展，是指引教师不断发展的品格和能力。《中华人民共和国教师法》指出，教师是履行教育教学职责的专业人员；苏霍姆林斯基认为，教育人是一种职业、一种专长①。为此，教师尤其是班主任应着力提升核心素养，提高教育胜任力。

一、从理论视角看班主任核心素养

进入21世纪后，学者开始讨论“班主任核心素养”，“自2016年起，该领域的相关文献发表呈大幅度上升趋势，至2019年达到顶峰”②，这说明人们越来越认同班主任工作具有专业属性，做好班主任工作需要具备超越学科教师的知识和技能。

（一）从职责视角看班主任核心素养

班主任应该具备的核心素养与其从事的具体工作密切相关。班主任应该做哪些

① 苏霍姆林斯基. 给教师的建议［M］. 武汉：长江文艺出版社，2014：3.

② 林聪. 中小学班主任核心素养研究：回顾与展望［J］. 中小学班主任，2023（3）：23-27.

工作呢？2009年，教育部印发的《中小学班主任工作规定》指出班主任的职责与任务包括：第一，全面了解班级内每一个学生，深入分析学生思想、心理、学习、生活状况。关心爱护全体学生，平等对待每一个学生，尊重学生人格。采取多种方式与学生沟通，有针对性地进行思想道德教育，促进学生德智体美全面发展。第二，认真做好班级的日常管理工作，维护班级良好秩序，培养学生的规则意识、责任意识和集体荣誉感，营造民主和谐、团结互助、健康向上的集体氛围。指导班委会和团队工作。第三，组织、指导开展班会、团队会（日）、文体娱乐、社会实践、春（秋）游等形式多样的班级活动，注重调动学生的积极性和主动性，并做好安全防护工作。第四，组织做好学生的综合素质评价工作，指导学生认真记载成长记录，实事求是地评定学生操行，向学校提出奖惩建议。第五，经常与任课教师和其他教职员工沟通，主动与学生家长、学生所在社区联系，努力形成教育合力。由此可以看出，班主任的职责范围远远超过学科教师。同时，《中小学班主任工作规定》也提出，选聘班主任应当在教师任职条件的基础上突出考查以下条件：作风正派，心理健康，为人师表；热爱学生，善于与学生、学生家长及其他任课教师沟通；爱岗敬业，具有较强的教育引导和组织管理能力。这都说明班主任需要在具备胜任教师的一般条件的基础上，还要具备全面了解学生、管理与建设班级、指导个别学生、家校社协同育人等能力。实践也表明，优秀的班主任一般是优秀的学科教师，但优秀的学科教师不一定能当好班主任，班主任素养既有与学科教师素养相同之处，也有其独特之处。

班主任作为特殊岗位，“区别于一般教师的专业素养侧重的依然是教育技能”[①]，人们“普遍认为只有能力强的教师才能当好班主任”[②]。为此，围绕班主任工作的一般教育属性以及角色特殊属性，学者们提出了以下观点：

◆班主任专业能力包括为人师表、教育责任感、关爱学生的能力、教育教学能力、专业发展五项“基础素养”和班集体建设能力、学生发展指导能力、教育沟通协调能力三项“核心素养”。[③]

---

① 耿申，魏强，江涛，等．班主任的专业素养：基于实证研究的体系建构［J］．中国教育学刊，2020（12）：94–98.

② 耿申．我国中小学班主任工作现状及对策［J］．教育科学研究，2018（11）：44–50.

③ 耿申，魏强，江涛，等．班主任的专业素养：基于实证研究的体系建构［J］．中国教育学刊，2020（12）：94–98.

◆班主任的职责是通过开展教育教学活动、建设班集体、形成校家社教育合力来促进学生健康发展。对学生进行素质评价，既是一种教育手段，也是班主任掌握学生发展状况的重要方法，理应成为班主任的必备素养。基于此，构建了班主任核心素养框架。（见表1–1）①

表1–1　班主任核心素养框架

项目	学生教育	班级建设	教育合力	学生评价
态度	学生观等	班集体功能观等	生态教育观等	全面质量观等
认知	对学生身心特点、学习机制的认识与理解等	对班集体建设的认识与理解等	对家庭、学校、社会及同伴的角色及其关系的认识与理解等	对学生评价的认识与理解等
能力	了解学生、教育学生的能力等	建设班集体、组织班级活动的能力等	沟通、协调能力等	开展综合素质评价能力等

◆班主任核心素养的“核心”是情感素质，包括道德情感、理智情感、审美情感、人际情感、生活情感、情感能力六大类和细分出的19种具体情感。（见表1–2）②

表1–2　班主任情感素质的构成

情感素质	道德情感	理智情感	审美情感	人际情感	生活情感	情感能力
情感	关爱感、自信感、成就感	乐学感、自信感、成就感	艺术美感、仪态美感、环境美感	幽默感、合作感、乐群感、尊重感、宽容感	执着感、幸福感	情绪理解能力、情绪疏导能力、情绪调控能力

◆“班级文化领导力”是班主任的核心素养，班主任应善于以文化人，用优秀的班级文化促进学生和自身的发展。③

◆“学生发展指导能力”是班主任核心素养之一，具体包括对学生的价值观、

① 汤林春．班主任核心素养框架设想及其意义［J］．江苏教育，2016（6）：48–49.

② 王俊山．情感素质：班主任核心素养的“核心”［J］．中小学德育，2016（5）：17–20.

③ 乐淮辉，黄甫全．班级文化领导力：班主任核心素养初探［J］．中小学德育，2018（8）：27–30.

学习、活动、生活以及心理健康等5个方面的指导能力。①

◆“心理领导力”应成为班主任的核心素养，班主任要用爱引领学生及自身成长。②

◆信息素养是班主任做好班级建设与班级管理工作，并面向未来发展的核心素养。③

以上学者或从单一因素，或从多元因素指出班主任在做好班级育人工作中应该提升的能力和素养，直接指向班主任的应知应会，助力班主任提升工作成效。

（二）从自身视角看班主任核心素养

班主任带班育人能力的提高离不开班主任不断提升自身专业水平，即班主任的学习意识、学习态度、学习能力和人文素养等都影响班主任教育学生、建设班级的水平。为此，学者们从“对象视角”转向“主体视角”，从班主任自身素质的角度探索班主任应具备的核心素养，并提出了以下观点：

◆理想信念是班主任核心素养的灵魂。④

◆未来班级在教育价值上从分数取向走向人本取向、师生关系从对抗性关系走向对话性关系、学生主体从规训对象走向自治群体、教育主体从班主任走向教育群体，班主任的核心素养应包括领袖型人格、学习型品质、课程开发者、教育家情怀。⑤

◆优秀班主任的反思品质是向内的、指向自我的，工作存在变化、刺激与挑战；希望改善学校工作支持体系，但不抱过高期望；注重反思既有经验，走向实践智慧。普通班主任更愿意从外部寻找归因，以获得对“现在无奈状态”的一种“自

---

① 林丹，卜庆刚．回归“育人”之初心——论“学生发展指导”作为班主任核心素养的探究［J］．教育科学研究，2017（3）：29-34.

② 李季．心理领导力：班主任的核心素养［J］．中小学德育，2016（5）：13-16.

③ 董艳，鲁利娟．信息素养：班主任核心素养的必要利器［J］．教育科学研究，2019（6）：87-92.

④ 黄正平．理想信念：班主任核心素养的灵魂［J］．中小学班主任，2020（3）：11-13.

⑤ 齐学红．未来班级发展走向与班主任核心素养构建［J］．教育科学研究，2017（2）：19-30.

我解脱”和“自我谅解”，从而达至内心暂时的自我宽慰。[①]

以上学者从不同视角提出不断反思、不断学习、不断提升自身的道德水准和共情能力等都是班主任做好学生教育工作的基础。

（三）从综合角度看班主任核心素养

班主任核心素养的提升，不仅可以提高班主任的工作效率，还可以激发班主任的职业幸福感，更可以激发班主任的职业自主性和实践创造性，促进班主任持续发展，从而让更多的班级和学生受益。因此，班主任的核心素养既要指向班主任的工作对象，也要指向班主任自身，二者相互影响、相互促进。对此，学者们提出了以下观点：

◆班主任核心素养是班主任的教育理念、专业信念、专业道德、专业精神、专业知识、专业能力、专业情感、个性品质等多种素养合成的“合金”，集中反映在班主任专业能力的方方面面。厘清班主任的核心素养，必须将它与特定情景下班主任的工作职责联系起来进行分析。随着走班制和导师制的实施，班主任工作发生明显变化：管理工作更加多、人际沟通需求更大、信息获取和处理的工作明显加重。为此，班主任在未来的班级管理方面应该具备管理素养、信息素养和研究素养。管理素养包括决策指挥能力、组织建设能力、沟通协调能力、教育说服能力、时间管理能力；信息素养包括及时捕捉信息的意识和能力、信息处理能力、信息运用能力；研究素养包括对研究的正确认识和态度，从事研究所需要的知识、能力和伦理等。其中，管理素养是关键，信息素养和研究素养对班主任管理素养的提升起着重要的辅助作用。[②]

◆应把班主任核心素养分为认识班主任工作并了解学生、建设与管理班级组织、进行教育实践和实验、思想交流和人生引导。[③]

◆应将班主任核心素养进行分层考量，分为基础标准（学生为本、德育为先、

---

① 刘永存. 打开反思“黑箱”：探求优秀班主任“好在哪里”［J］. 中小学管理，2017（4）：36–38.

② 王卫东. 走班教学背景下普通高中班级的基本特征与班主任核心素养［J］. 教育科学研究，2017（3）：24–28.

③ 程方平. 为人育人相得益彰——关于中小学班主任核心素养的浅见［J］. 班主任，2017（4）：5–7.

能力为重、终身学习）、核心标准（班级建设、学生指导、沟通协调）和理想标准（师德高尚、业务精湛、专业引领、教育创新）3个层次来进行研究。①

◆中小学班主任的核心素养必须置于“人的通用素养”和“教师的通用素养”基础上进行考察，才能真正凸显出“核心”的价值。同时，只有将班主任置于“生活场域”中建构起来的素养模型，才具有可操作性和针对性。②

◆师德素养、理念素养、情感素养内隐在“水面”以下，健康素养“若隐若现”，知识素养和能力素养外显在“水面”以上，自我发展素养发挥联结作用，有利于上述外显、内隐和“若隐若现”素养的不断完善发展。③

◆新时期小学班主任应具备自主生长、儿童指导、班级建设三大核心素养，其中，自主生长包括专业韧性、终身学习、实践反思，儿童指导包括学习引领、综合锻炼、激励评价，班级建设包括沟通合作、组织领导、人文关怀。④

◆班主任核心素养包括价值认同、职业情感、必备品格与关键能力4个维度，政治信仰、教育信念、职业荣誉、爱生敬业、个人修养、合作品质、成长指导、实践创新八大素养，家国情怀、社会责任、角色使命、教育理念、情绪管理、成就体验、热爱学生、自我实现、为人师表、包容节制、民主平等、正义智慧、自我读悟能力、规划设计能力、心理辅导能力、沟通协调能力、活动创新能力、实务研究能力18个基本要点。⑤

总之，教育是培养人的工作。十年树木，百年树人，班主任对学生的教育成效在日复一日的班级生活中积累，在学生后期的发展中逐渐显现。从学理层面了解班主任应该具备的核心素养，可以开拓班主任眼界，启发班主任思考，推动班主任结合自身实际扬长避短，且结合时代需求不断提升自我。

---

① 江涛. 班主任核心素养及专业标准体系建构——基于德尔菲法的研究［J］. 教育科学研究，2018（12）：78-87.

② 刘永存，尹霞. 中小学班主任核心素养：概念的梳理与厘清［J］. 中小学德育，2016（5）：5-8.

③ 桑国元，刘璐璐，李丰. 21世纪班主任核心素养的冰山模型［J］. 班主任，2019（6）：5-9.

④ 许锋华，陈俊源，聂文庆. 小学班主任需要什么样的核心素养——基于152份班级成长记录的扎根理论研究［J］. 湖南师范大学教育科学学报，2021（2）：41-48.

⑤ 陈萍，张斌. 班主任核心素养的内涵分析与框架建构［J］. 中国教育学刊，2021（2）：102-104.

二、从政策视角看班主任核心素养

提升班主任核心素养与减轻班主任的工作负担密不可分。相对于单一的学科教师角色，班主任的工作负担更大是无可争辩的事实。因为与一般教师相比，班主任还要承担班级建设的重任。同时，从工作效率的角度来看，借助行政班落实各项工作是最高效的方法，所以，班主任还承担着重要的信息“下达”的任务。

在有关班主任工作负担的研究中，有“客观—主观”视角，即从客观事实（如工作时间长、工作内容无边界等）和主观感受（如心理压力大、容易焦虑等）对班主任负担进行考察；有“生态学”视角，即从社会、学校、家庭、班级等场域对班主任负担进行系统考察；有“工作要求—资源模型”视角，即分析高要求与低支持对班主任工作意愿的影响①；有“真负担—假负担”视角，即从感觉错觉、刻意表现、能力有限角度分析很多负担是假性负担②。

过于关注外部环境，容易使人们把专业性问题简化为技术性问题或者经济学问题，认为满足了一定的外在条件就会提高班主任工作满意度，而现实中，国家对班主任外部环境的支持并没有达到预期效果，很多老师仍不愿意担任班主任职务③。笔者在实践中发现，很多工作负担是由班主任自身能力不足导致的，班主任工作越“卖力”，学生和家长越不满意，就是因为班主任的某些做法违背了教育规律。这就倒逼我们从班主任专业性的视角来思考负担问题，从班主任是否能够适应时代变化对其的挑战和学生、家长的需求角度，分析班主任需要不断提升哪些素养。

从中国知网刊发的相关文章可以看出，人们关注“教师不愿意当班主任”的问题始于20世纪90年代中后期，热于21世纪10年代。在20世纪90年代之前，人们更关注班主任队伍的“提质”问题，而后才是“减负”问题。班主任工作负担是从哪里来的？不断“提质”超过一定“阈值”后是否会转化为工作负担？教育行为具有隐性

---

① 蒯义峰．班主任离岗意愿研究——基于工作要求—资源模型［D］．上海：华东师范大学，2017.

② 张聪．中小学班主任工作负担：现实表征、深层困局与防范机制［J］．现代教育管理，2022（9）：46-53

③ 秦鑫鑫，吴晶，张猛猛．中小学班主任留岗意愿影响因素研究——基于5065位班主任的实证调查［J］．教育科学研究，2021（11）：54-60．王金涛．中小学班主任工作满意度调查与反思［J］．当代继续教育，2014（2）：89-92．胡张进，姚海红，王国伟，等．谁愿当班主任［J］．山西教育（教育管理），2008（9）：27-29.

的代际延续性，如果班主任没有意识到“质”背后的核心素养，是否也会让自身在学生时代习得的有效教育行为在当下转化为低效、无效甚至负效行为，进而转化为工作负担？教育具有时代性，如果班主任没有意识到时代变革对自身核心素养的新要求，是否也会由于其缺乏胜任力而导致工作负担增加？笔者尝试结合政策文件和其他学者的研究来分析不断“演变”的核心素养及其对班主任的挑战。

（一）交往主体多元化：素养广度对班主任的挑战

诸多调研显示，班主任工作压力大，其中很大一部分压力来自家长。那么，班主任的工作对象经历了怎样的演变，使班主任的交往主体越来越多元呢？在实施级任制阶段，级任教师主要负责学科教学工作和对学生的基础组织管理工作。级任制发展到导师制后，导师的工作职责得到了拓展与丰富，导师除了对学生进行基础组织管理外，还要关注学生的身心发展、学业水平、行为动态、思想动向等。同时，导师不仅要对学生进行个别指导，还要利用课外时间，借助谈话会、讨论会、远足（旅行）开展集体指导。[①]总体来看，级任教师、导师面对的主要对象是学生。新中国成立后，在学习苏联教育经验的基础上，我国中小学开始设置班主任。1952年，《中学暂行规程（草案）》指出中学每班设班主任一人，此时，班主任的关注对象仍然是学生。同时，《中学暂行规程（草案）》提出班主任要发挥连接作用，在教导主任和副教导主任的领导下，调动各学科教师共同关注、指导学生。1978年，《全日制小学暂行工作条例（试行草案）》指出，学校和教师应该采取家庭访问或者举行家长会等方式，同家长取得联系，研究学生的思想行为和教育学生的方法，互相配合，教好学生；《全日制中学暂行工作条例（试行草案）》提出，班主任要开展家长工作。家长作为交往主体开始出现。2009年，教育部印发《中小学班主任工作规定》指出，班主任的工作对象不仅包括每个学生、由学生组成的集体，还有任课教师和其他教职员工、家长以及社区。

对于班主任来说，交往主体从单一变为多元，会对其素养提出相应的要求。班主任对学生进行指导的能力、班级管理和建设的能力、与教务主任和学科教师沟通的能力、家校沟通的能力既有共性又有差异性。班主任对学生发展进行指导，需要

---

① 宋恩荣，章咸. 中华民国教育法规选编（1912—1949）［M］. 南京：江苏教育出版社，1990：159-160.

具备价值观教育能力、个性化指导能力、身心健康指导能力、评价能力；班主任与家长、社区沟通协调，需要具备沟通教育信息、协调教育关系、调动教育资源的能力。[①]成都市、浙江省松阳县要求班主任取得心理健康教育证书，并鼓励班主任攻读哲学、教育学、心理学等学位；2022年之后，很多中小学鼓励班主任取得家庭教育指导师的证书，都说明随着时代发展，班主任需要提升的核心素养越来越多元。

那么，班主任是否能做好应对不同交往主体的素养准备，就意味着潜在负担的多少。正是由于班主任在事实上承担着过多的育人使命，才使得中小学班主任复杂而多维的工作负荷很容易转化成工作负担，这深度影响到班主任群体的工作样态。[②]

（二）工作内容细致化：素养深度对班主任的挑战

学生、教师、家长是班主任必须面对的3个群体。面对不同群体，班主任的工作要求和所需工作素养会有所不同并随时代发展而变化。笔者以班主任分别面对学生和家长这两个群体来展开阐述。

面对学生主体，班主任的工作内容有一个变化历程：1952年，《中学暂行规程（草案）》仅提出“指导学生生活和学习”；1978年，《全日制小学暂行工作条例（试行草案）》《全日制中学暂行工作条例（试行草案）》细化到“学习、思想品德、健康、思想政治”，但此时还没有明确提及“班级建设”的任务。班主任津贴是对班主任工作的认可，1979年，教育部、财政部、国家劳动总局印发《关于普通中学和小学班主任津贴试行办法》，详细规定了班主任需要完成的工作，要求班主任除关注学生的身心发展之外，还要“力使本班形成一个遵守纪律、团结向上、勤奋学习、朝气蓬勃的集体”，也就是说，班主任要在关注学生个体的基础上，加强集体建设。1988年，《小学班主任工作暂行规定（试行）》明确提出了班主任要“搞好班级的经常性管理工作”。至此，班主任工作内容从学生个体拓展到学生群体，班级管理和建设成为针对集体的两大任务。在关注和教育学生方面，21世纪前笼统讲“学生”，21世纪后强调“每一个学生”，强调学生的独特性和发展的差异性。2006

① 耿申，魏强，江涛，等．班主任的专业素养：基于实证研究的体系建构［J］．中国教育学刊，2020（12）：94-98.

② 张聪．中小学班主任工作负担：现实表征、深层困局与防范机制［J］．现代教育管理，2022（9）：46-53.

年，《教育部关于进一步加强中小学班主任工作的意见》就特别强调班主任要关注每一个学生的全面发展，包括分析和把握每一个学生的思想、学习、身体、心理的发展状况，了解和熟悉每一个学生的特点和潜能，为每一个学生创造发展机会，对每一个学生进行有针对性的教育和引导。2009年，《中小学班主任工作规定》进一步强调，全面了解、深入分析、平等对待每一个学生。从笼统地关注“学生”到关注“每一个学生”，尤其是对不同类型学生给予针对性的帮助，这对班主任提出了非常高的专业要求，如转化后进生就是困扰班主任、给班主任造成很大压力的工作内容。

面对家长等社会群体，班主任的工作内容经历了以下变化：1978年，《全日制小学暂行工作条例（试行草案）》提出，班主任应该在少年先锋队辅导员和其他任课教师的协助下，进行家长工作；1979年，《关于普通中学和小学班主任津贴试行办法》提出，班主任要与学生家庭和社会有关方面取得联系，加强学生的思想政治工作；1988年，《小学班主任工作暂行规定（试行）》提出，班主任要与家长保持联系，取得家长的支持与配合，指导家长正确教育子女，争取社会力量教育学生；2006年，《教育部关于进一步加强中小学班主任工作的意见》提出，班主任要成为沟通学校、家庭、社会的纽带，了解学生在家庭和社区的表现，引导家长和社区配合学校做好学生的教育工作；2015年，《教育部关于加强家庭教育工作的指导意见》提出，班主任要成为家庭教育的骨干力量之一。在这些变化中，我们可以看出，随着时代发展，家庭成为重要的育人阵地，班主任也从简单的“向家长告知”走向“与家长沟通”，从“单向的要求”走向“双向的支持”，从“要求家长”走向“指导家长”，从“单一的配合”走向“形成合力”。班主任的角色变得多元而深刻，需要进一步提升相应的素养。如果班主任没有相应的素养提升，这些角色变化就会转变成超负荷的劳动，从而转化为班主任的负担。

（三）育人理念转型：素养重构对班主任的挑战

班主任的工作内容庞杂且细致，而且近年来工作理念也面临很大的冲击，需要进行理念转型。笔者以班主任面对学生为例来进行分析。

在面对学生时，班主任有怎样的教育理念和实施怎样的教育策略在一定程度上决定着其工作成效和工作负担。在20世纪80年代之前，在班主任对学生开展教育的定位上，其关键词是“指导”“管理”“帮助”，更侧重于班主任是行为的发出者，学生的主体角色体现不明。在20世纪80年代之后，随着主体教育研究的发展，学生主体理论受到重视并反映在政策文件中。如1988年，《中学班主任工作暂行规定（试行）》提出“提高学生的自理能力”，明确了“管”的目的是“育”，引导学生走向自主管理。当下，师生关系逐渐转向班主任与学生之间相互作用，强调交互主体性。如2006年，《教育部关于进一步加强中小学班主任工作的意见》指出“注意倾听学生的声音，关注他们的烦恼，满足他们的合理需求”，为班主任走向交互主体性提出了行动要求。

班级管理从“教师权威型”走向“学生主体型”，不仅是班级管理范式的转型，更是班主任素养的提升。在“教师权威型”班级管理中，教师角色权威使其控制能力更“有效”地呈现出来，班主任更多依赖控制能力，更多从“管理有效”“工作高效”的角度来判断工作成效，很少关注是否充分利用了教室资源来最大限度地促进学生成长。所以，“教师权威型”班级管理对于班主任来说，表面是高效的，但时隐时现的学生冲突和管理低效的“暗流”会给班主任带来很多隐性的工作负担，班主任却很难认识到问题的根源。在“学生主体型”班级管理中，班主任需要提升各种能力，如了解、研究、指导学生的能力，与学生平等对话的能力，培养学生自主自治的能力，挖掘教室资源的能力，等等。一切以学生为中心会促使班主任从“长远”而非“当下”来分析学生表现出来的特点。“学生主体型”班级管理理念变革要求班主任树立人文意识、学生主体意识，努力把班级变成促进学生成长的场域。理念的变革是班主任对学生的“松绑”，也是自我“松绑”，只有双方交往是主体性交往，师生才能享受教育陪伴与交往的快乐，这对班主任素养提出了非常大的挑战。

总之，随着时代发展和教育理念的不断更新，班主任需要不断提升核心素养，从“教师主体”走向“师生主体”，从“管理”走向“育人”，回归学生生活，回归对人的尊重和认可，但这个转变要经历比较艰难的过程。在多年的班主任培训中，笔者发现：班主任认为自己能管住学生，但学生自主管理能力较差；班主任潜意识里不信任学生的主体能力，管理思想渗透在班级的每个角落，管理主义自带的“不留死角”“强制”“权威”消耗师生精力，让班主任身心俱疲，产生职业倦怠，而班主任对此并没有意识到，进而进入恶性循环。

三、从学生视角看班主任核心素养

班主任关注的对象不仅有相对客观的知识，还有具有丰富思想、个性人格的发展中的学生。评价班主任的工作成效不仅要关注学生最后体现出的成长指标，而且要关注学生成长过程中的感受。在班主任工作中，班主任是否尊重学生、是否理解学生的情绪情感、是否关注到每一个学生的成长需求、是否及时给予学生相应的指导等，都会影响学生的班级生活感受，进而影响学生的成长。然而，班级是由众多学生组成的，一般情况下，每个班级平均有40个学生，班主任很难关注到每个学生的成长需求，所以会存在个别学生教育成效与班主任教育期望有差异的情况；班主任需要对学生进行管理，在管理过程中，班主任的管理者视角与学生的被管理者视角存在差异，容易出现感知差异的情况。教育的核心目的是育人，为此，班主任要提升哪些核心素养，还需要从学生视角进行分析，学生视角能促进班主任对工作进行反思与改进。

（一）班主任的角色定位与学生感受之间的差异

角色定位对于师生把握各自的行为指向、行为方式和行为尺度具有引领作用。如果师生对自己都有明确的角色定位，那么，他们能知道行为边界，使自己的行为不越界；能使自己的角色充分发挥作用，完成角色赋予的职责。班主任的角色具有教育服务性，角色的明确和角色作用的发挥是为了服务学生的成长。班主任是否完成角色赋予的职责，不仅需要班主任进行自我评判，更需要学生对班主任进行评判。从学生视角进行评判，更有助于班主任完善对其角色功能的理解与运用。

中小学班主任面对的是未成年人，职责之一是对学生开展教育。国家和社会赋予班主任的角色是多元的，是管理者更是教育者，要与学生成为朋友更要保持教育权威，要促进班级学生的整体发展更要尊重学生的个性发展。为此，班主任的角色需要因人因境进行转换。这需要班主任掌握教育工作的艺术性，更需要班主任立足学生视角对自身角色效能进行反思。

笔者在一项对班主任和学生开展的质性研究中，围绕“班主任的角色”分别从班主任和学生视角进行了调研，班主任对自己角色的认知，包括管理者、引领者、人生导师等，与政策文件规定的基本一致。学生对“班主任的角色”的感受就体现出多元性：有的学生认为班主任的角色是“管理同学的人”“我的导师”“辅导学生的导师或朋友”“为我们照亮前路的提灯人”，与班主任感受基本一致；有的学生认为班主任的角色是“妈妈”，这说明班主任关心学生的生活情感，学生能从班主任身上体会到“妈妈”的角色，班主任让学生在班级中感受到了安全感和幸福感；有的学生认为班主任的角色是“班中的总统”“皇帝”，这说明班主任在班级中有绝对的权威，但也启发班主任反思自己的角色是否过于强势，是否发挥学生在班级生活中的主体作用。

“个体在扮演一个角色时，面对两个或两个以上数量的角色要求，扮演主体不能契合这些要求进而感受到角色冲突。”[①]教育是科学更是艺术，在实践中，班主任往往需要综合扮演多种角色，才能应对工作的挑战。为此，班主任需要结合学生视角，通过与学生交流、对学生访谈、对学生调研等，了解学生的真实想法，以此对自身在学生成长过程中发挥的作用进行思考和对角色进行重构。

（二）班主任的管理定位与学生感受之间的差异

班主任的重任之一是进行班级管理，提高管理成效、维护班级秩序是班级建设的基础。在班级管理中，班主任一方面要维护自己的权威形象，以提高管理成效；另一方面要发扬民主精神，培养学生自主自治能力，使班级成为学生成长的“练习场”。权威形象是班主任以自身的知识储备和成长经验塑造的，民主精神是新课程改革极力倡导的。班主任一方面要提高管理成效，另一方面又希望赢得学生的认可，培养学生的自主自治能力。但学生自主自治能力的培养是需要时间和系列练习的，在“权威治理”与“自治治理”“班主任管制”与“学生自治”之间的“真空地带”，班主任会产生角色偏差甚至角色紧张和冲突。这种偏差、紧张和冲突不仅表现在观念上，怕自己的“放”引起学生的“乱”，也表现在实际工作中。

很多班主任认为自己的班级管理能力强，且随着班主任工作年限增加，持这种想法的班主任占比越来越高。与之相伴随的是，很多班主任认为学生自主管理能力不足，不放心对学生“放手”，依旧采用严防死守的方式来管理班级。

在学生自主自治方面，也呈现出多元形态。如在遴选班干部时，有的班级采用选举的方式，即谁有能力谁当；有的班级采用轮流的方式，即每个学生都有机会当班干部；有的班级采用教师指定的方式，即班主任觉得谁行就用谁。有的班级“完

① 张人杰. 教师角色冲突解决方法的教育社会学研究之批判［J］. 华东师范大学学报（教育科学版），2007（4）：12-20.

全听班主任的”，有的班级“以班主任为主，学生部分表达意见”，有的班级“遇事师生一起商量”。在师生关系中，“民主”“班主任主导下的学生参与”“不民主”是3种主要形态。

通过以上分析，我们可以看出，班主任对“班级管理能力强”的标准的认识并不明确。一方面，班主任自认为管理能力很强；另一方面，班主任又不能很好地培养学生的自主自治能力。现实中班级多种管理模式、师生多种关系模式的存在，也能说明班主任在“管”与“理”、在教师主导与学生主体、在班主任权威与学生自治之间存在理解与行为冲突，导致其对自身能力产生怀疑，对自身在班级管理中担任的角色产生怀疑。

在对班主任和学生的质性调研中，学生视角的反馈也能给我们带来启示。有的学生认为自己的角色是“平民”，这启示班主任要反思班级中的师生、生生交往时的角色地位是否平等，是否有等级差异；有的学生认为班主任是“班中最大的官”、自己是“最小的官”，“官”是权力的象征，说明在班级中，班主任是最大权力的拥有者，班干部等是部分权力拥有者，不同的角色拥有权力的差异把教师、学生进行了地位划分，“官”“权力”的概念违背了班级管理的育人属性。

班主任对学生行为管理的理解和实施方式极大程度上影响了学生的认知、情感与价值观等的形成，且这种影响以弥散的方式对班级场域进行建构。

案例

四年级学生小甲和小乙抢夺东西，再加上一些言语冲突，小甲气急之下挠了小乙的手。班规明确规定“不能动手”，且这次有很多的围观者，这在班级中产生了非常不好的影响。班主任认为针对小甲和小乙众目睽睽下的问题行为，必须按照班规进行处罚，让学生知道班主任是公平公正的，也让学生认识到这是严重的问题行为。为了让围观者也能受教育，班主任让围观者评价小甲和小乙的行为，结果围观者说：“我们对小甲和小乙的行为都是理解的，他俩肯定也认识到自己的错误了。在当时的情境中，换作别人，也不知道会有什么更好的应对办法。所以，班主任更应该让同学们学习一些应对技能。”

学生的回答给班主任带来新的启发：面对小甲和小乙的行为，班主任不能轻易从评判者的视角用“问题”界定，而要从支持者的角度分析小甲和小乙缺少哪些支持。不同的思维方式导致班主任对学生行为的判定和采取的干预措施大相径庭。如果班主任认为小甲和小乙的行为触犯了班规，是问题行为，并根据班规对小甲和小乙进行惩戒，那么，学生不仅没有习得“公正”与内化“规则”，还会觉得班主任不近人情、不懂学生、“以罚至上”，长此以往，就会形成不利于学生成长的场域文化。

班主任始终承担着对学生行为进行管理和教育的职责，但如何理解管理，把握“管”和“理”之间的关系，需要班主任在丰富的实践中不断反思与改进。在新时期，班主任对学生的管理更需要智慧，需要从单纯依靠权力和角色权威走向用人格和智慧激发学生管理自己的内在力量。

（三）班主任的关系定位与学生感受之间的差异

俗话说“好的关系即好的教育”，良好的师生关系对于学生的成长十分重要。良好的师生关系，不仅有利于创建积极友善的班级氛围，给学生提供教室安全感，给班主任带来职业幸福感；还有利于增强学生对班主任的信任感，让学生有话能说、有话敢说，提高班主任对学生的教育成效；更有利于丰富教育内涵，使学生在良好的师生关系中形成积极健康的人格，为终身发展奠定基础。

随着时代的发展，学生越来越期待建立积极、民主、平等、可自在对话的师生关系，并用他们的力量推动师生关系不断重构。学生敢于表达、敢于争取、敢于反驳，就是师生关系走向平等的表现。对于新时代的班主任来说，他们也在不断变革自己的教育理念，能够顺应时代需要反思和重构师生关系，与学生的交流更加坦诚，站在学生视角思考问题，用学生能够接纳的方式与学生交流。然而，班主任所理解和构建的师生关系与学生所理解和感受的师生关系是否一致？大部分学生的感受与个别学生的感受是否一致？是值得我们思考和考察的。

在师生关系建设中，班主任努力构建平等、开放的师生关系，致力成为民主决策者。在笔者的调查中，个别学生认为自己在班级中的角色是“黑暗中的人”“一个没开的灯”，认为班主任的角色是“一个要来开灯但正犹豫着开不开灯的人”。虽然这是个别学生的班级生活感受，但我们可以通过这些感受了解学生在班级的生活状况、班主任的教育行为对学生内心情感的影响。随着教师角色权威的逐渐消解，班主任与学生之间的情感连接越来越紧密。在实践中，班主任通过班级标识的建设、丰富的班级活动、日常的交流等途径加深了与学生之间的沟通，学生对班主任产生了积极的情感依赖与情感投射。随着信息技术的发展，网络沟通工具越发普及，学生与班主任之间的网络即时交流和日常生活分享，让学生与班主任之间增加了了解、促进了沟通、增进了感情。这都为班主任建立良好的师生关系创造了条件、奠定了基础。

然而，不可忽视的是，师生关系的建设与班主任的其他工作密切相关，很少有纯粹的为建设关系而开展的活动。在学生管理中蕴含着师生关系的建设，如果班主任管理粗暴、不理性、不尊重学生，那么就会形成不良的师生关系；如果学生的不良行为习惯长期不改、影响整体班风建设，也会影响班主任对学生的管理方式，进而影响师生关系。在不良的师生关系中，学生的感受是消极的，而消极的感受会进一步加剧师生关系的恶化。

对于调查结果，有的班主任说："与我的期望一致。"也有班主任说："我没想到会有这么大的反差。"还有班主任说："我很意外的是竟然有学生认为我是'武则天'，我有那么强势吗？"因此，让学生感受到平等，"像邻居一样相处"是比较难做到的，需要班主任"改头换面"，不断调整自己。班主任视角不等于学生视角，班主任的感受不等于学生的感受，所以，学习、反思与研究应是班主任不断提升自身素养，从班主任视角走向学生视角的有效工具。

（四）班主任开展的价值教育与学生感受之间的差异

教育的根本任务是立德树人，"德"在学生的成长过程中是核心和灵魂，班主任工作的核心是育德，培育学生积极的价值取向。在对学生开展价值教育时，除了开展价值教育主题班会、主题活动等显性的教育活动之外，班主任不能忽视的是日常师生交往过程中传递出的价值取向。价值生活作为班级生活中的一部分，必然与班级生活中的班主任领导风格、班级管理模式、师生关系样态有连带关系，必然受其他因素的影响和制约。因此，即使班级作为学校统一教育的载体，也必然会因其是"独立王国"而形成一种独特的价值空间和价值社会，通过班主任隐性的权力干预，使班级在价值观念和价值判断等方面呈现出差异性和多样性，而这种差异性和多样性又因其隐蔽性、细微性被人们忽视。

班主任对学生总会进行直接的价值引导，尤其是当学生表现出的价值认知与班主任所期望的价值认知不同时，班主任就会发挥角色权威，借助班主任权力对学生的价值观进行干预。当所有学生都不认可班主任时，班主任进行的是针对集体的价值干预；当个别学生与班主任产生价值冲突时，班主任进行的是针对个体的价值干预。相对于针对集体的价值干预，权力失范更容易体现在针对个体的价值干预上。

班主任在与学生交往或者在处理生生交往冲突的过程中，会产生一定的干预行为。而在进行这些干预行为时，班主任可能会由于判断失误、持有不正确的教育理念等，出现失范的行为干预。比如，当两个学生发生冲突时，班主任容易带着偏见进行评判，造成误判。当学生慑于班主任角色权威不敢发声时，班主任可能会误以为事情已经解决，但实际上，事情不但没有解决，还让学生形成了错误的价值认识。同时，班主任习惯借力打力，借助外在文化、场域等资源对学生进行价值引导，主要表现在：借助班主任的"法定权威"使学生认同自己的价值观，如"学生怎么可以不听老师的话""老师说的怎么会错""老师当然是为你好"；借助社会习俗、传统所形成的传统权威使学生认同相应的价值观，如"女生胆小、要面子，所以，同样的错误，对女生的惩罚要轻一些""男生要让着女生"；借助同伴角色使学生认同相应的价值观，如"学习好了，就不会被同学歧视""同学之间就是开玩笑，哪有什么欺凌""班级集体荣誉第一，个人受点委屈没关系"；借助教育场域使学生认同相应的价值观，如学生众目睽睽下被批评，为了躲避被同学围观的难堪，只能通过认同班主任而快速解决问题；等等。在学校里，班主任身份自带"光环"，学生会下意识把自己应有的权利（如辩驳、申诉）移交出去。而一般情况下，父母也会站在班主任这边。"在这个意义上，社会、学校和家庭就在无形中形成了对班主任权力予以合力支持的'共谋'性联邦。"①

这些琐碎的、日常的事件几乎充斥着学生每天的班级生活，并且每个学生都有被"单独处理"的机会。班主任与每个学生单独接触、交往的机会越多，班主任走进学生内心世界、赢得学生认可的机会才会越多。然而，如果班主任在与学生日常交往中错误地运用权力和权威，不仅会恶化师生关系，还会使学生习得诸多错误的价值判断法则。

在交往的具体情境中，班主任身份、学生身份、班集体、学校这些原本抽象的符号变成了负载价值观的形象载体。在这里，班主任不自觉地运用了学校、班级这

① 陈振. 谁之权力？何种合法性？——教师权力的历史建构及其理论反思［J］. 当代教育论坛，2020（5）：36-43.

些场域的力量，使外在环境“助力”班主任权力失范行为，学生被迫“无条件”接纳，班主任以为进行了成功的价值教育，而事实上未必。

四、阻碍班主任核心素养形成的因素

班主任核心素养指标的不断变化和丰富对班主任专业发展提出了变革要求，如果班主任不能积极应对，就会把应然的素养转变为实然的负担。反观教育实践，诸多因素阻碍着班主任核心素养的养成。

（一）要求全身心与现实无精力

2019年，《关于减轻中小学教师负担进一步营造教育教学良好环境的若干意见》指出，要切实减少对中小学校和教师不必要的干扰，把宁静还给学校，把时间还给教师。教师有足够的时间投入是确保工作质量、提升教育能力的保障。系统规划和精心实施班级建设，这既离不开班主任对学生的全方位了解，更离不开班主任根据学生实际进行动态调整。但在实践中，班主任工作任务重是不争的事实。80.7%的班主任认为自己每天在校工作9个小时以上，27.0%的班主任甚至认为自己每天在校工作时间超过11个小时[①]，但这么长的工作时间中真正用在思考和研究班主任专业上的时间又占多少比例呢？有班主任反映：班主任一般担任两个班级的学科教学，每个班级40人左右，每天批阅作业占用很多时间；各种杂务让班主任身心俱疲，从早到晚填写各种表格，感觉自己像“表哥”“表姐”。琐碎的、杂乱的、无序的工作任务让班主任无法集中精力进行专业思考，这必然影响班主任素养的提升。

（二）要求深研究与工作浅表化

教育是需要深度思考、不断探索的一项工作，班主任需要在理论学习与实践探索中深化对“抽象的人”“具体的学生”“生动的班级”的认识，进而形成自己的教育信念。马卡连柯作为伟大的教育家和在班级建设上的先驱，在他的教师从业历程中，也经历了“找不到任何‘科学的’方法，不得不直接从对于人的一般概念出发来思考—将每个人不甘愿受痛苦、看到每个人身上好的一面、看到人的力量和潜在力、人

① 耿申．我国中小学班主任工作现状及对策［J］．教育科学研究，2018（11）：44-50.

的优良品质必须培养等理念应用于实践—提升技能和厘清各种教育论争—形成自己的教育信念”①的过程。班主任只有坚守教育的理想信念，不断研究与探索，才能真正推动立德树人工作。但现实中工作的快节奏、各种机制的不完善等都容易造成班主任的心浮气躁，进而造成其工作浅表化，“去专业化的结果往往使教师工作强度加剧、负担加重”②，使班主任对岗位失去信心和耐心。

（三）要求多变革与心理惰性

教育是关于人的事业，人是最复杂的动物，为此，教育存在复杂性也是不争的事实。时代的发展变化又加剧了人的复杂性。人如何接受教育、人接受教育的宗旨是什么，这些关于人的教育的哲学思辨和流派争论也从另一个角度反映了人和人的教育之复杂。

班主任的心理惰性阻碍其素养的提升。第一，经验延续下的惰性。诸多班主任接受的教育相对传统，是在“管训”中成长的，所以很容易把这种经验“复制”到自己的班级中。第二，不愿付出心理影响下的惰性。核心素养的形成是要付出时间、精力和智慧的，是需要班主任不断钻研和体悟的，但各种原因使班主任不愿意思考。第三，群体氛围下的惰性。实践表明，班主任群体文化影响班主任的专业发展。班级是学校的基本组织单位，目前班额普遍较大，为了提高管理效率，重规训是班主任常用的管理手段。同时，学校对班主任群体也较为注重制度和行为管理，效率、规约的价值无形中在师生群体中传递。③学校管理文化影响班主任管理文化，也使班主任产生惰性，进而导致其能力难以适应时代发展需求。第四，责任推卸下的惰性。面对班级，尤其是学生出现的问题，班主任动不动就找家长，归结为家长和社会的问题，而忽略了自身的职责，忽略了对自身能力的培养。正如苏霍姆林斯基所言，某些教师总是诉苦，说学生淘气、上课不认真听讲，而不认真思考如何提高自己的教育教学技能，使每个学生都投入到学习中。如果教师不断提升自我、有高超的教育技能，就不会出现所诉苦的这些现象了。④

① 吴式颖，等. 马卡连柯教育文集（下卷）[M]. 北京：人民教育出版社，1985：323-335.

② 钟景迅，刘泱. 教师减负的悖论：去专业化的困境与再专业化的陷阱[J]. 清华大学教育研究，2021（6）：80-90.

③ 杜时忠. “班主任制”走向何方？[J]. 教育学术月刊，2016（11）：3-10.

④ 苏霍姆林斯基. 给教师的建议[M]. 武汉：长江文艺出版社，2014：23.

五、班主任提升核心素养的路径

人的特质是不断超越自我，人有自我更新、自我反思、自我完善的能力。作为班主任，只有具备自我教育意识，才能获得可持续发展。不断提升自我与班主任的工作属性也有密切关系。班主任可以从以下4个层面提升核心素养。

（一）情感润泽

教育本身是一项充满情感的事业，积极的情感能使班主任充满职业幸福感，深深地热爱自己的职业；积极的情感也能激发学生对知识、同伴、万事万物的感情；积极的情感还能使师生互动充满激情、时刻被爱包围，使教室成为积极的情感场域。作为班主任，至少应从以下方面修炼情感：第一，要对学生有大爱情怀，相信每个学生都是美好的，每个学生都是可塑的，每个学生都能创造出属于他们自己的独特的幸福人生，这会使班主任对每个学生都表现出积极的行为，使每个学生都感受教育的善与美好；第二，要有细腻的情感，能体悟学生的喜、怒、哀、乐等各种情绪，能站在学生的角度理解学生所处场域中的情感，要有同情心和同理心，如此才能激发班主任帮助学生的意愿，给予学生支持行为；第三，要有与学生进行情感连接的能力，不仅要用眼睛观察学生，更要用心灵认识学生，深入学生的内心，才能进一步帮助学生建构他们的内心世界。“同情心、对人由衷的关怀同教育才能是血肉相连的。……教师不能是一个冷漠无情的人。如果只抱冷漠无情的理性态度，对发生的一切都进行非常仔细的斟酌，唯恐各种可能的规定遵守得欠准确，就会引起学生对教师的戒备和不信任态度。”①

情感促进了人的生命演化，每个人的成长都要依靠情感的适应机制，包括辨认、理解、表达情感，“不解决情感表达问题，通往学习和文化生活的路便禁闭着”②。积极饱满的情感会使班主任个性、立体、综合地影响学生，使学生成为精神和心灵丰富的人，使教育充满情感的魅力。

（二）德行立魂

立德树人是教育的宗旨，教育行为需要德行的引领才能走向大道。舒尔曼认

① 苏霍姆林斯基. 给教师的建议［M］. 武汉：长江文艺出版社，2014：6.

② 朱小蔓. 情感教育论纲［M］. 南京：南京师范大学出版社，2019：7.

为，一个职业的专业工作者，其首要目的是用自己接受的专业知识和技能去服务那些不具备这些知识和技能的人，在此过程中，要以“道德理解”为起点来运用知识与技能，并在工作中表现出公正、责任感和美德来。[①]班主任作为培育人的职业，德行更应贯穿始终，借此培育出“大写的人”。无德的技能指向的是班主任解决问题的效率，有德的技能指向的是学生的成长。班主任的德行决定了其行为是否有育人的魂，同时也决定了其育人能力的高低。作为班主任，第一，自身要有高尚的道德，能以身示范、以德育德，做学生成长的榜样；第二，在处理班级和学生问题时，能以德为导引，使学生把问题转化为成长契机，促进学生德行成长，使学生在班级生活的点点滴滴中获得道德滋润，如在同伴的关怀下习得关怀，在公正的班级生活中习得公正；第三，班主任的工作技能以德为魂，确保自身行为的出发点和落脚点是立德树人，如“让积分低的学生购买奖品奖励积分多的学生”，这个班主任的奖励技能本身是无德的，传递出负向的价值取向，使工作越发低效、师生关系越发差、负担越发重。

“德”确保师生思想一致，是班集体建设和师生关系建构的基石；“德”使每个人感受到他人和集体的力量，感受和张扬人性的美，助力班主任提升在工作中的魅力和效力。

（三）技能提升

情感与德行是班主任行为的价值基础和情感基础，但情感和德行既不可以孤立存在又不可以抽象培养，通常在班主任具体的教育行为中体现。班主任只有在不断提升教育技能的过程中，对情感和德行不断反刍，才能使情感和德行与技能融为一体。因此，技能提升也能反过来促进班主任的情感润泽与德行立魂。

马卡连柯认为，教育技巧并不是天才才能掌握的艺术，它一定是需要不断学习才能掌握的专业技能。[②]赞科夫也认同马卡连柯的观点，认为班主任需要掌握各种各样的教育方式、理解每种方式的特点、正确运用每种方式，才能有效开展教育工作。[③]班主任提高工作效率进而减轻工作负担也离不开提高相应的技能。

---

① 舒尔曼，王幼真，刘捷. 理论、实践与教育的专业化［J］. 比较教育研究，1999（3）：37-41.

② 赞科夫. 和教师的谈话［M］. 北京：教育科学出版社，1980：226.

③ 赞科夫. 和教师的谈话［M］. 北京：教育科学出版社，1980：226.

第一，班主任应针对学生群体和学生个体、家长群体和家长个体、教师群体和教师个体，根据不同群体和个体的交往性质、指向和内容积累不同的技能。班级是群体组织，班主任要学习使群体成为集体的技能，为此，班级愿景建设、班级组织和团队建设、班级活动开展、班级规则建设等都是班主任必须提升的技能；班级是以学生和教师为核心主体、家长和社区为外围主体的组织，由多个体组成的，为此，班主任必须提升与不同个体沟通协调、个别指导和激励评价的技能。第二，班主任要根据时代和教育理念的变革进行适时调整。教育是需要不断变革的，因为时代在变、学生在变、教育理念在变，教育的方法也需要随之变革。作为兼任学科教师的班主任，不仅需要不断提升教学技巧，还需要不断改变教育技巧。班主任的工作是育心育德的工作，学生是当下时代的“原住民”，班主任才是不断适应新时代的“移民”，为此，班主任只有不断学习新技能，才能达到理想的教育效果。第三，班主任要认识到教育是鲜活的、个性的，不要指望一项技能能够解决所有问题，即使是面对同样的问题，也会因学生性格、气质、家庭、环境等因素的差异，而要调整教育技能。因此，班主任要形成整体性、辩证性、教育性思维，灵活运用“不变”与“万变”。

班主任需要综合提升多样技能。如，同样是班长的角色，班主任如果赋予班长查考勤、迟到扣分的职责就是“教师权威型”思维的践行，除了发挥了管理功能，对承担班长职务的学生和迟到的学生都没有大的教育价值。但班主任如果赋予班长查考勤、关注迟到、询问迟到原因和是否需要帮助的职责就是“学生主体型”思维的践行，营造了尊重学生、给予学生支持的人文氛围，同时，班长等班干部习得的不是权力观念，而是服务和责任意识。

（四）不断学习

“十年树木，百年树人”，培养学生是一个长期工程，班主任需要用心呵护、静心等待、着眼未来。为此，破解职业焦虑、高效驾驭工作，需要班主任在实践中坚持和坚守。

第一，班主任需要在实践中不断积累经验。班主任对学生和班级的情况应有特别的敏感性，对学生每天不同的行为应给予恰当而准确的反馈，这些都需要班主任在实践中不断积累经验，用不同的技能来随机应变。就“走过来”这句话，马卡连柯在实践中不断练习，针对不同学生、不同情境，学会了用15～20种语调来表达，并调用面部、体态、声音协调配合，成为真正的教育能手。[①]不断积累经验并灵活运用，需要班主任有顽强的意志和坚韧不拔的毅力。第二，班主任需要不断反思。班主任需要不断学习教育理论来深化对实践问题的认识，同时基于实践经验提升自身的理论自觉性，并在理论与实践的不断互动交往中形成自身的实践教育学。班主任在理论与实践、他者语言体系与自我语言体系中不断循环往复，才能更透彻地看清问题，而这需要班主任付出超乎想象的时间和精力。班主任对学生的任何行为反馈都传递出“教育”，为此，班主任应该把反思作为常态工作。反思是班主任专业成长的必经之路，尤其是班主任自带角色权威的“光环”在与学生交往中对学生产生影响，更需要班主任具有反思精神。因为班级生活是学生重要的生活组成部分，班主任权力和权威渗透在班级日常生活中。基于经验的、看似高效但未必科学的做法往往被班主任不自觉地“拿来”使用，而长期习惯的生活样态也使学生“适应”了如此的班主任权力与权威模式。在彼此“默契”下，权力和权威潜移默化地对学生产生积极或消极的影响。因此，班主任要把反思作为常态工作，把批判作为进步的阶梯，通过自主学习、集体研修等路径，通过观察优秀班主任、记录日常工作、撰写与阅读案例、经验总结与分享、阅读书籍等多样化的方式养成终身学习的习惯。

① 赞科夫．和教师的谈话［M］．北京：教育科学出版社，1980：226.

第二章

基于教育案例开展研修

每个人在成长过程中，都会有一些关键事件。对于班主任来说，撰写教育案例且借助教育案例表达教育思想、反思教育经验，就是成长过程中的关键事件，是引领自身走上自觉成长道路的路径。班主任一旦习惯于撰写教育案例，把撰写教育案例作为职业生涯的常态，不仅可以促进自身把反思作为职业习惯，而且可以在长期积累中形成自己的教育思想体系。当班主任具备撰写教育案例的能力，自然也会养成阅读的习惯，在阅读中再次受启发、再次思考，把思考与实践相结合，形成更多体现教育智慧的案例。同时，对于学校和研修团队来说，也可以借助班主任撰写的案例，组织班主任开展集体的深度研修。

一、什么是教育案例

案例就是故事。故事即通过叙述的方式，讲一个带有寓意的事件，核心要素包括时间、地点、人物、事件和评论。通俗地讲，案例就是介绍一件事情成功了，班主任是怎么做的，有什么体会和感受；发生了一个矛盾，班主任是怎么解决的，有什么体会和感受；经历了什么挫折，班主任有什么体会和感受。撰写教育案例就是整理已经发生过的育人故事。

班主任每天与学生生活在一起，班级时刻发生着有关集体生活、学习、家校沟通等方面的故事。每个学生都是充满个性的，每个班级生活都是丰富多彩的，针对不同的学生和班级，班主任会有不同的教育策略。班主任会经常与家长沟通自己的教育理念以寻求家长的支持，或者针对学生的不同情况与家长共商协同育人对策。从这个意义上讲，育人故事时刻发生，教育案例处处存在。我们观察班主任的日常生活也能发现，班主任经常会向同事讲述自己育人过程中的趣事或者让自己处理起来头疼的事件。这些事件就是一个个故事、一个个案例。因此，只要班主任善于实践、勤于总结，就会有无数教育案例的素材。

案例是对过去事件的还原，是讲述已经发生的事件。为此，对于班主任来讲，撰写教育案例并不是难事。

二、什么是具有研修价值的教育案例

对于班主任来说，写案例不难，但写出具有研修价值的案例还需要经过一定的修炼。什么是具有研修价值的案例呢？通俗地讲，具有研修价值的案例就是所描写的事件、班主任所给出的策略、所体现出的班主任的教育理念能助力自身和他人的专业成长的案例。有研修价值的教育案例应具备以下特点。

（一）真实性

描述事件，对于班主任来说不是难事，但首先要保证真实性。班主任不能为写案例而写案例，不能纯粹为了吸引读者的注意力而夸大某些事实，甚至杜撰没有发生过的事情。班主任撰写教育案例的目的是积累经验和进行教育反思，所以教育案例描绘的必须是真实发生的事件。如果杜撰事件，班主任就没有真实的情感体验，也就不能有感而发，不能引发他人深刻的教育感受，也违背了通过撰写案例达到专业成长的目的。

（二）典型性

所谓典型，即案例不能是平淡记录的流水账，而是含有问题或疑难情境的事件，能让他人感受到在平常事件中含有某种不寻常的、值得思考的事情，使他人感受到事件既有波折又真实可靠，还是班主任工作中需要讨论的经典话题。

比如，班级积分制度是班主任工作中的典型话题，是班主任常用的班级建设和管理策略，但围绕此问题展开的讨论却寥寥无几。班级积分制度的利弊是什么，什么情况下用班级积分制度比较好，什么情况下班级积分制度弊大于利，如何处理好班级积分制度与学生自我教育之间的关系，等等，这些问题都需要回答。那么，班主任就可以围绕“自己如何用好班级积分制度”的问题来撰写教育案例。如果班主任通过自己的教育案例能解答以上问题，这个教育案例就是非常典型的案例，是能引发自我和他人围绕班级积分制度进行深入思考与讨论的案例，是能发挥研修价值的案例。

笔者通过观察发现，班主任有很多值得写出来的典型事件。如在学校组织的义卖活动中，班主任发现，学生用义卖的东西进行攀比，有的学生嘲笑那些带又便宜又破旧的东西的同学。那么，面对此问题，班主任是如何解决的，班主任如何借助偶发事件对学生开展价值观教育就是值得撰写的内容。因为此案例不仅介绍了一个事件，而且通过事件中存在的学生价值观多元的问题、学生价值观建立的问题、班主任对学生有效开展价值观教育的问题等，引导班主任不断追问教育的本质，看到教育具有的时代性挑战，悟出事件蕴含的哲理。

（三）策略性

教育案例的核心价值是教育案例折射出的班主任的教育智慧。在撰写教育案例时，班主任在阐述清楚自己面临的问题后，要重点分享自己解决问题的做法和做法中体现出的自己对教育的理解；常规的工作和想法不写或者略写，独特的、有创新性的举措和思想要详写。唯有如此，班主任撰写的教育案例才能发挥举一反三的效果，才能引发其他班主任对类似问题的思考。为此，一篇好的教育案例要立意深、观点新、挖掘深，重点把策略表达出来，才能给其他班主任教育启发。

为了使教育案例突出班主任的教育智慧，班主任要做到以下几点：第一，要努力追问事件背后的原因。遇事时，班主任要多问几个“为什么”，找到问题或者成效产生的根源，再从根源阐述自己的应对策略或者策略之所以成功或失败的原因，进而引出班主任的教育观、学生观、教师观等。第二，要把学生放在首位。在实践中，有的班主任习惯于抱怨，抱怨自己班级的生源不好，抱怨家长不好，没有从学生问题和现象入手反思自己的教育观，没有站在学生视角着重分析哪个教育环节出了问题，应该在哪个环节做怎样的弥补。站在学生本位的角度撰写教育案例能落实立德树人的理念。第三，要努力探寻现象背后的教育本质。班主任要多借助教育案例追问“为什么”“是什么”“怎么样”的问题，要思考教育的本质和教育现象背后的规律。

我们撰写的教育案例，在保证真实性的前提下最好包括一些戏剧性的冲突，以反映班主任工作的复杂性，揭示人物的内心世界。因为学生是充满个性的活生生的人，班主任在教育学生的过程中，不可能有即时解决问题的“灵丹妙药”，也不可能有解决所有问题的“万能钥匙”。任何一种教育方法都有利有弊，班主任必须学会用辩证思维来看待教育。在实践中，教育不可能是一帆风顺的，正因如此，才能凸显教育案例的意义。

一位班主任撰写了关于家校共读的教育案例，我们选取修改前后的两个片段进行对比。

·修改前

我通过班级微信群，在线上开展了多次共读活动，旨在提升家长养育力，助力学生向上向好。

·修改后

我开展了多次共读活动，共读方式有语音导读、批注交流、思维导图、家事共议等。

…………

在批注交流活动中，家长甲在领读时“晒”出自己标注的书中的一段话：“我们对孩子说的话，无论是正面反馈还是负面反馈，都会导致孩子的大脑发生改变。当被共情时，孩子的神经化学物质会有所改变，平静会取代压力激素，负面情绪才能慢慢消散，平复心情，这样的孩子情绪管理能力更强，长大后情商也更高。”同时，家长甲还呈现了自己对书的批注内容：“要多鼓励孩子。”

家长乙回应：“我有体会，我发现每次我对女儿大喊大叫之后，她都面露惶恐，不敢言语，后面做什么事情反而更慢、更差，也变得更胆小了，也许这就是负面情绪带给孩子的伤害，大家千万要注意！”之后，很多家长讲述了养育孩子过程中的真实故事。

…………

修改前的是缺乏“策略”的教育案例，是没有研修价值的表达方式。因为在这个教育案例中，值得他人借鉴的是“多次共读活动是如何开展的”，但这部分却没有被写出来。只有班主任把具体策略写出来，才能进一步分析策略背后蕴含的教育理念，而这恰恰也是研修的最大价值。

修改后的教育案例详细介绍了家校共读的具体方法，能带领其他班主任入情入境，不仅呈现了具体的策略，还给其他班主任提供了研修空间：有哪些更好的共读方法，能激发家长的参与兴趣？

另一位班主任针对学生问题行为撰写教育案例，我们选取修改前后的两个片段进行分析。

·修改前

我与家长沟通，说如果孩子再不改变易怒情绪，会影响孩子与同伴之间的交往，……为了孩子的未来，我们要一起想办法帮帮孩子。

·修改后

针对小丙易怒的问题，我给家长提出了以下建议。

通过角色扮演，引导换位思考。家长在家可以通过电影《头脑特工队》让小丙了解到情绪是生活在我们身体里的“小精灵”，虽然它平时不出现在我们面前，但它一直操控着我们的心情和行为。家长可以让小丙扮演“乐乐”“忧忧”“怒怒”，让小丙看看自己在快乐、悲伤、生气时会对妈妈和奶奶说什么样的话；家长也可以和小丙互换角色，让小丙扮演家长的角色，家长扮演小丙的角色，让小丙体会家长的心情，体会生气时做出的过激行为会如何伤害到自己和他人，认识到生气时做出的过激行为是一种危险和错误的行为。

…………

修改前的教育案例没有介绍班主任是如何与家长沟通的，没有说明班主任是否给了家长一些指导建议。没有具体的策略的教育案例是没有多大价值的。

修改后的教育案例提出了可学、可借鉴的策略，并且通过策略给班主任提供了研修话题：什么样的策略适合这样的家庭？什么样的策略符合这样的学生？家长还可以运用哪些策略？

三、如何撰写有研修价值的教育案例

班主任要想写出高质量的教育案例，是需要不断练习的，只有勤于写作，才能学会通过教育案例表达自己对教育的思考。想要写出高质量、有研修价值的教育案例，班主任可以从以下角度入手。

（一）新问题

随着时代的发展，社会环境、家庭教育结构和父母的教育理念都发生了变化，学生的成长和成长过程中产生的问题会发生变化，学生在学校表现出的特点、出现的问题亦会有所变化，为此，班主任面临新问题和新挑战是必然的。在这个时候，关键看班主任是否有敏锐的教育“嗅觉”，是否善于抓住教育的时代气息，走进学生的生活世界，看到学生的困惑并帮助学生解惑。班主任如果始终走在时代前沿、引领学生发展，一定能看到他人看不到的问题，一定有与学生同呼吸、共命运的成长故事，也就一定能撰写出看到新问题并解决新问题的教育案例。

有的班主任观察到学校厕所“闹市”现象。班主任发现学生课间爱往厕所跑，学生在厕所干什么呢？他们为什么喜欢在厕所玩呢？厕所满足了他们的哪些心理需求呢？如何解决这个问题呢？围绕这些思考，班主任进行了探究，并整理形成了教育案例。那么，这个教育案例从选题上就是班主任不容易观察到但却影响学生成长的新问题。

随着信息技术的发展，班主任也会面临新问题，如有的学生在网络上匿名谩骂同学或老师、有的学生恶意删除班级信息、有的学生沉迷网络游戏、有的学生受网络不良价值观的影响、多方主体微信沟通引发了不良事件、家校沟通不畅等。班主任有没有关注到这些问题？如果关注到了，有没有积极干预？在解决这些问题的过程中，引发了班主任的哪些思考？这些新问题，都是班主任可以积极实践并在此基础上撰写教育案例的好选题。

我们相信，每位班主任都会在新时代遇到新问题，这些新问题既有时代特殊性，又有普遍性和前瞻性。我们采取策略解决的是新问题，问题本身就具有研修价值，如果班主任的干预策略有创意，形成的教育案例就有更大的研修空间了。

（二）新策略

班主任面临的问题大体相同，但每位班主任解决问题的思路和方法不可能完全一致。围绕常规问题，班主任要运用有创意的教育策略并通过教育案例记录下来，因为有创意的策略是研修的有效要素。

案例

面对学生早上不爱跑操、跑操不整齐的现象，一位班主任是这么处理的：与学生讨论制定跑步规则——“前后保持一臂距离”；后来发现学生还是跑不整齐，又制定“踩跑道线，保持一臂距离”的规则；学生跑步队伍变得整齐了，但又出现聊天、精神不饱满的问题；班主任又让学生跟着音乐跑，一下子激发了学生的跑步热情，学生不仅很好地遵循了跑步规则，还在音乐中释放压力，享受心灵的自由。

这是一篇能够发挥研修价值的教育案例。因为面对学生不爱跑操、跑操不整齐的问题，很少有班主任能积极采取有创意的举措来解决，而这位班主任不仅很好地解决了这个问题，还给大家提供了理解“规则与自由”“管理与成长”的研修空间。

（三）新视角

很多班主任认为自己的教育生活很无趣，没有新的举措和创新点，撰写的教育案例也多集中在班级活动、班级文化建设、问题学生培养、召开家长会等主题上。如果班主任选择常规的话题来撰写教育案例，那么，解决问题的视角就要不常规。也就是说，班主任要从新视角分析和解决常规问题，突破常规的、基于经验看问题的思维。

班主任在班级管理的过程中，经常会用班级积分制度，此类教育案例比比皆是。因此，围绕此话题撰写有研修价值的教育案例，就需要作者从新视角分析班级积分制度。班主任要结合自己在班级中的实践，分析班级积分制度的利弊和如何扬长避短；立足学生视角，探究个人积分与集体积分、过程性积分与终结性积分、个人成长积分与助人成长积分的辩证关系；思考如何通过积分激励每个学生成长，让每个学生融入集体，消除排挤个体的现象。如果班主任在这些思考的基础上有实践探索并记录下来，借助普通事件进行深刻的教育理念分析，看似常规，实则不常规。

（四）新转折

班主任是需要不断历练和成长的，因此，班主任不可能所有工作都是成功的，失败的经验和失败之后的自我修正更能给自我和他人带来启示。失败的原因是什么等，都是能引出深度研修的点。

某班主任描述教育引导某学生的经过，在讲述了对该学生一系列的干预策略后，有这样的转折——“在接下来的时间里，我发现她在微信朋友圈里把我屏蔽了，在学校里也总是对我躲躲闪闪。每天看着她昏昏沉沉的样子，我既感到惋惜，又怒其不争”。这就说明班主任在采取一系列策略后，并没有达到预期的效果，反而在师生之间形成了一道屏障。那么，这个屏障是什么？为什么会形成这个屏障？这个屏障是班主任专业成长的痛点，找到这个痛点也就找到了班主任专业提升的转折点。后来，这个班主任受一个偶发事件的启发，对过往的教育干预策略进行了反思：“我这才知道我并没有真正了解她，我只是一厢情愿地把我想给她的、自认为能够帮她的一股脑地塞给她，却并没有想过这些是不是她需要的。我与她的谈话和我态度上的转变增加了她的焦虑感。”之后，这个班主任改变了与该学生的相处策略，取得了好的教育成效。这个教育案例给大家提供了“什么是学生需要的”“教师视角与学生视角的差异”“给予的爱与需要的爱”等研修主题。同时，这个教育案例也以班主任自身经历展现了班主任容易踩的“坑”。

总之，教育案例不是撰写出来的，而是实践出来、研究出来的，是班主任对教育思考的再呈现。撰写有研修价值的教育案例，要求班主任把反思与研究作为工作常态，在实践中研究，在研究中实践，总结出促进学生发展的、有效的教育举措。

案例

让“不可能”变成“可能”

工作了16年，把上一个班级从一年级送入中学后，我又一次回到一年级，想带着新一届“小豆包”再创辉煌，就在这时，俊俊走进了我的教育生涯，改变了我的教育观。

课间操时间，所有学生都在跟着音乐做操，他从班级队伍里冲出来，趁老师不注意自己爬上了主席台，躺在主席台上滚来滚去。英语课上，因为英语老师没有满足他一直参与表演的要求，他开始躺在教室的地上放声大哭，全不理会老师和同学的劝阻。午间休息时，他拿着自己的水杯冲出教室，要去接水，值周生不允许，他就站在教室门口一遍一遍地重复“我要去接水”“我要去接水”……

注意缺陷多动障碍，这是医院给俊俊的诊断结果；智力发展轻度落后、情绪问题，这是特教中心在专业测评后对俊俊做出的评价。为了让俊俊能够像其他学生一样正常地在学校里学习、生活，我使出了十八般武艺。然而，之前的各种方法、窍门好像到了俊俊这儿都失去了作用。正如医院和特教中心给出的结论，让俊俊和班里的其他学生一样安静地坐在教室学习是“不可能”的事情，让俊俊和其他同学一样遵守学校的规章制度是“不可能”的事情，让俊俊融入班级生活中是“不可能”的事情……出于对俊俊个人安全和班级教学秩序的考虑，学校建议俊俊家长给俊俊请陪读老师，没想到这个建议遭到了家长的拒绝，家校合力解决俊俊的问题也成了“不可能”的事情。

通过学习，我意识到了面对俊俊这样的学生需要改变以往的教育方法。为此，我为俊俊私人定制了一套教育方法。

特别的岗位留给特别的他

为了培养学生的劳动意识和主人翁责任感，我在班里设置了班级工作岗。每周一，学生都会早早来到教室将自己的名牌插在自己喜欢的岗位上。对于其他学生来说，需要考虑的仅仅是自己的个人喜好，他们可以自由选择自己喜欢的班级岗位。但是对于俊俊来说，他能做的班级岗位只有“垃圾倾倒夫”和“餐具分发员”。为了让俊俊能参与到班级劳动中，全班同学每周一都会自觉地把“垃圾倾倒夫”和“餐具分发员”的岗位留给他。我还特意为俊俊安排了岗位小助手，每天提醒他在午餐时为大家分发餐具，看见垃圾桶满了及时清理并更换垃圾袋。当俊俊情绪不好不愿意发餐具、倒垃圾时，小助手马上补位，帮助他分发餐具、倒垃圾。这成了我与同学们心照不宣的小秘密。俊俊终于和其他同学一样，在班级里有自己的工作岗，也能为班级贡献自己的力量。

永远装满水的杯子

只要发现杯子里没有水了，俊俊就会马上去饮水处接水，不论是正在上课还是午间休息，这是他的刻板行为之一。一次午间休息时，俊俊发现自己的杯子里没有水，就要出教室接水，恰巧那天的值周生是一个特别认真负责的学生，一个不让出教室，一个偏要出教室，谁都不让步。没有得到满足的俊俊在安静的楼道里号啕大哭，严重影响了班级里的其他同学，也影响了学校的午间休息纪律。既然改变不了他的刻板行为，那么，为什么不能换一种思路呢？只要让俊俊的杯子随时都有水，他就不会突然离开座位。于是，不论是不是我的课，不论我有什么事情，只要听到下课铃声响起，我都会回到教室检查俊俊的水杯。只要发现他的杯子里水不够半杯，我就会陪他一起到饮水处接水，以保证他的杯子里随时有水。就这样，俊俊终于能够和其他同学一样，安静地在座位上学习了。

量身定制的提示卡

由于患有注意缺陷多动障碍，俊俊难以长时间记住老师的要求，因此，他很难遵守班级规则。怎么才能让他记住规则呢？偶然间，我收到了一个学生送给我的小卡片，这给我带来了灵感。于是，我制作了几张文字和图案相结合的提示卡贴在了俊俊的桌子上和他座位旁边的墙上，保证他能够随时看到，以此来提醒他上课不能随意发出声音、不能随便离开座位。在提示卡的帮助下，俊俊终于可以和其他同学一样，课上基本能够坐在自己的座位上了。

随身携带的小本子

在某次例行的每周小组评比中，俊俊所在的小组得到了总分第一名，我奖励给了每个组员一个小记事本。没想到平时对奖状和其他小奖品完全不感兴趣的俊俊对这个小本子爱不释手。接下来的一周，他每天都会把这个小本子拿在手里，特别喜欢。在与家长沟通后，我知道了俊俊特别喜欢这种小小的本子，他把幼儿园老师发给他的小本子都保存了很久。得知俊俊这一喜好后，我特意买了很多种小本子随身携带。早上到教室后安静不出声音，我会奖励给他一个小本子；上课时没有离开座位，我也奖励给他一个小本子；课间操时听从老师的劝导站在了队伍里，我也奖励给他一个小本子；当他情绪问题爆发、即将失控时，我也会用小本子来安慰他。小小的本子成了奖励俊俊的最好工具。

从三个字到六个字

由于俊俊的言语理解和沟通能力都显著低于同龄人，所以他平时很少与其他同学有语言交流。为了锻炼俊俊的语言表达能力，每天早上，我都会站在教室门口迎接俊俊。最开始的时候，他根本不理我，我只能拉着他的手一句一句地教他，告诉他，老师跟他打招呼要及时回应。“老师好！”“王老师好！”“王老师早上好！”从三个字到六个字，短短的一句问候语，我和俊俊练习了一个学期。这学期开学的第一天，俊俊来到教室看到我后，竟然主动跟我问好。终于，俊俊迈出了与人交往的第一步。

尊重差异，让我放平了心态；持续学习，让我找到了方法；因材施教，让我收获了成长，也让俊俊的“不可能”变成了“可能”。融合教育的理念让我接受了俊俊的差异，找到了适切于他的教育方法。育人的路上，我也有了自我的成长。悦纳他人就是悦纳自己，尊重每一个独特的生命个体，让每一个生命绽放异彩，我想我会一直在路上。

（首都师范大学附属育新学校　王征）

四、基于教育案例开展个人研修

教育案例写作是中小学班主任专业成长的媒介，这已成为人们的共识。班主任以叙事的形式，围绕一个主题，把教育事件发生的背景、过程、干预策略、结果和反思表达出来。有人认为，叙事本身就是一种研究范式。“所谓案例研究，是以叙事为主要方式对特定情境及其意义进行的描述和诠释。中小学教师的案例研究，主要是教师结合工作实际，对学校教育实践情境中的事件、现象和问题进行的叙述和探讨。”[①]“对于一线教师而言，自己通过讲述故事获得对教育教学的理解，这些理解可视为叙事性知识。”[②]

案例研修强调班主任借助撰写案例的方式成为研修主体，文本既是案例呈现的一种载体，又是对实践案例的再研究，因为借助对实践案例的文本化表达，本身就是对以往教育事件的重新审视与思考。在重新审视与思考中，班主任既有对原有事实的遵从，又有对问题理解的提升，还有在新的教育视野下“假如再遇到类似问

① 张肇丰. 试说教师的案例研究［J］. 课程·教材·教法，2004（8）：64-69.

② 周钧，张华军. 叙事与教师专业发展——基于教育叙事、叙事研究及叙事探究的概念辨析［J］. 中国教育学刊，2022（11）：84-89.

题，我将如何应对”的教育策略的再完善。为此，“教师的案例研究是教师通过叙事方式来反思和改进自身教育教学实践的研究”[1]。

案例由故事组成，每个故事背后隐藏着问题，问题背后隐藏着策略，策略背后隐藏着理路，理路背后隐藏着价值。借助案例研修，班主任可以从已有经验中提炼出自己解决不同问题的多样策略，进而形成策略库；挖掘策略背后的教育理念，形成认知库。

“故事使人们的经验得以一贯和连续，……故事临摹生活并展示内部真实与外部世界。但故事同时也塑造和建构着叙事者的人格和实在。”[2]班主任工作是班主任在每日面对问题、解决问题中不断提升自己预判问题、分析问题和解决问题能力的创造性活动。撰写案例和案例研修的价值就是倒逼班主任在不断反思中梳理解决问题的理路和理解教育的脉络。

对于大多数班主任来说，其工作的特点是先从术开始，即面对问题，首先思考用什么方法和策略来解决的技术问题，很难顾忌或者有能力思考道的问题，即难以兼顾对问题的本体论和价值论层面的思考。案例研修的目的就是帮助班主任厘清自己的术，分析术的对错、性质、层次，对术进行剥离、归类，进而上升至道的层面，用道引术，提炼自身持续稳定的教育观点，形成自身独特的育人风格。在现实中，很多著书立说的班主任都是优秀的案例撰写者，就足以证明此观点。

案例

四年级的小甲和小乙平时关系很好，虽然经常打打闹闹，但也让人省心。一天下午，二人抢夺东西，小乙说了脏话，小甲挠了小乙的手。

触犯班规应受到教育

我对二人进行了批评教育，由于班级有“不允许动粗解决问题”的规则，为了杜绝这种行为再次发生，我让小甲郑重地向小乙道歉。虽然我也感受到了小甲的委屈，但仍觉得触犯班规需要受到教育。同时，事情发生

① 张肇丰. 试说教师的案例研究［J］. 课程·教材·教法，2004（8）：64-69.

② 施铁如. “怎么都行”——学校改革研究的后现代思考［J］. 教育研究与实验，2003（2）：69-72.

时，另有几位学生也在场，为了更好地管理班级，再次强调“不允许动粗解决问题”的重要性，我提出要在班会课上以这件事情为例，对学生进行教育，提醒他们要遵守班规，守好底线。而这个想法遭到了小甲家长的反对，家长认为：小甲已经受到批评，为什么还要揪着不放呢？

第二天早上，我从小甲的眼神里看到了害怕和敏感，小甲在与同学的相处过程中，也显得有点拘束。原本活泼的他在班级中好像开始变得缩手缩脚。

小甲的这些表现，让我开始反问自己，重新思考我的教育出发点。我想：对小甲和小乙进行批评教育，让小甲郑重地向小乙道歉，并借此事召开班会，都是我理解的教育，如果召开班会是为了通过集体教育来让学生有所反思，何不问问当时的围观者呢？他们又是如何看待这件事情的呢？又会如何评价小甲和小乙的行为呢？

围观者的不同视角

在与当时在场的几位学生沟通的过程中，我发现，他们对小甲的评价都是正面的，有的学生说：“虽然有‘不允许动粗解决问题’的班规，但可以理解小甲的行为。”有的学生说：“如果是我，我也不知道当时该怎么平息心中的怒火。”有的学生说：“小乙也有错，如果小乙没有说脏话，小甲就不会动粗。”有的学生说：“老师，这其实没有什么大不了的，没有什么问题是一块糖不能解决的，他们相互给一块糖就又成好朋友了。”

听了围观者的意见，我内心一震：为什么他们都没有站在班规这边，也没有站在我这边，而是对小甲表现出理解和同情，还觉得我“小题大做”？如果我再以小甲为例对学生进行再教育，是否对小甲更不公正呢？

我突然意识到了规则的本质是什么，是教育，是引导学生成长。然而，我让小甲郑重地向小乙道歉、召开班会的目的是强调规则的权威，让他们害怕班规，以达到“下次不敢”的教育效果。但站在学生成长的角度，我给他们的应该是一种能力支持的教育，使他们知道如何去做才能避免错误行为，感受同伴之间交往的快乐，感受到规则背后人的力量。

“有痕”教育变“无痕”教育

为此，我改变了召开班会的想法，打算换一种方式解决小甲和小乙的问题。

为了打消小甲的顾虑，我悄悄跟小甲说：“我不准备开主题班会了。”面对当天依然不自在的小甲，在语文课上，我积极地引导他举手回答问题，当回答正确时，给他及时的表扬和鼓励，这样反复两三次，最后一次的时候，我像往常一样让全班同学给他鼓掌。相信这个时候来自全班同学的掌声、来自集体自然的接纳，会让小甲更有感触，也会让他更快地打消心中的顾虑。我后来也发现，小甲的状态慢慢放开了，与同学交流不再那么刻意了。

快放学的时候，我找来小甲，和他说：“我想和你玩一个通关游戏，给你一个星期的时间，默默地去做一些帮助小乙的事情，不论大小，但不能让他发现，如果一个星期可以做到10次，就算通关成功。”小甲开心地接受了这个提议，一个星期之后，他开心地跑过来告诉我，他完成了目标，并且没有被小乙发现。此时，我告诉小甲，同样的游戏小乙也在玩，小乙在过去的一周里，其实也在默默地为他做一些事情。我把小甲、小乙叫到一块，让他们互相讲述自己为对方做的事情。小甲、小乙已是四年级学生，同学之间的和好已经不是一句简单的“对不起”可以达成的，他们交谈的过程很愉快，不会再因为这件事而产生隔阂。

就像围观者说的那样，在一些突发矛盾的情境里，他们应对的方法很有限，还不会处理一些交往矛盾的问题。所以，我在班级开展守护天使活动，让学生去观察和总结在与同学交往过程中如何呵护友谊、化解矛盾，如何增进友情，等等。比如，知道自己的这个行为会引起对方的不适，知道说一句“对不起”起到的效果有多大，知道我们还可以如何表达自己的感受。在担任守护天使的过程中，学生彼此汲取力量，从而获得一种向上生长的内驱力，还感受到了来自同伴的温暖。

俗话说“无规矩不成方圆”，规则是“有痕”的，但教育应该是“无痕”的，让学生感受到规则背后的情感、美德的力量，我们就会发现隐藏在规则教育背后的是鲜活而有力量的教育空间。

（中国农业科学院附属小学　段月芬）

段月芬老师在撰写教育案例和不断修改教育案例的过程中，围绕以下问题进行了再思考：第一，为什么开班会的想法会遭到家长反对？第二，从小甲的不自在里，作为班主任应该看到什么？第三，围观者为什么都站在了同学那边？第四，如何解决才是最恰当的教育？对这些问题的反思，汇集成了一个追问教育本质的问题：班级制定规则的目的是什么？层层追问最终指向制度育人，即一味地强调惩戒、把规则作为不可触碰的“高压线”，是外在的强制教育，学生获得的是“没有力量的规则”，但如果把规则作为助力学生道德和情感成长的载体，规则指向的教育是学生无限的成长。班主任的智慧体现在把握好“管”与“育”的天平上（见图2–1），“管”中有“育”，“育”中有“管”，以立德树人为根本，促进学生自主、自信成长。

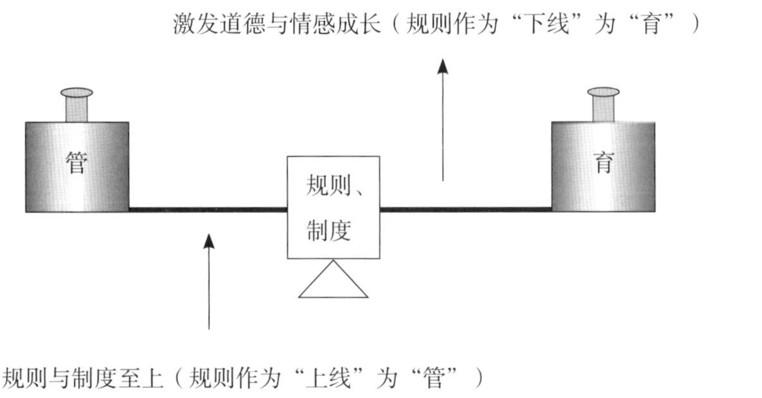

图2–1　规则教育的天平

这是一个非常有研修价值的教育案例，段月芬老师解决小甲和小乙冲突的每一个举措都蕴含着丰富的教育意义。班主任对每一个举措及其教育成效的反思就是非常好的自我研修。同时，此案例也是非常好的集体研修的载体。

班主任可以围绕专题开展案例积累，如围绕环境建设、班级管理、活动开展、家校共育、个别生教育、奖惩举措等专题积累案例。围绕这些专题，班主任把日常工作记录下来，形成案例，精心修改，使策略性的育人举措凸显出来。长此以往，经过几年的积累，班主任就能形成自己带班育人的策略库。班主任带着思考去撰写教育案例，这样所写的每一篇教育案例都是一项研究。当撰写教育案例成为工作常态，班主任就会形成系统性的带班育人思考，推动自身开展专题式、系统性研究。

正如一位班主任所言："正是由于写作，我从一个'愤青'变成了一个'有思想的人'。因为写作不是为了发泄不满，而是为了思考问题，思考'为什么不满，是什么原因导致我不满，我该怎么办'。"在撰写教育案例的过程中，班主任会大量阅读书籍，激发自身生成更多的思考。一位班主任说："通过案例的修改与完善，我重新认识到了班主任是如何借助自己在案例中的做法来表达自己的教育理念的。同时，案例写作也让我重新思考我的班级管理方法，思考这个方法是否基于学生、是否科学有效、是否能促进学生成长。我想，这就是写作的目的——总结与反思。……通过文字的形式，记录这些经验，梳理这些遗憾，能够让班主任更好地反思自我，改进和提升工作方式方法。一位通过文字三省己身的班主任，也必将是一位知明而行无过且对学生发展具有积极影响的引路人。长期的教育写作，还能培养教师的职业信仰，对于提升班主任的职业幸福感具有极大的帮助。"

五、基于教育案例开展集体研修

教育案例因来源于实践、能助力班主任解决实际问题而被班主任接纳。对于班主任来说，教育案例是相对容易产生和获取的资料。班主任自己撰写、积累案例有助于从自身实践的角度总结经验、反思理念，形成自己对班主任工作和教育工作独特的认识和实践体系。学校可以利用一位或者多位班主任的教育案例作为研修载体进行集体研修。

案例研修即基于文本案例，联合班主任和专家等力量，系统推动班主任深度思考实践做法和背后理念的研修范式。与个体研修相比，集体研修有独特的特点。第一，集体研修是一种有目的、有组织、有计划、有专业人员介入的活动，学校以制度化的形式推动活动开展。第二，集体研修具有多主体属性，学校借助研修活动把不同属性的群体组织起来，围绕日常工作中的问题开展讨论。在集体研修活动中，班主任作为主体参与，同时也离不开其他群体尤其是专家的介入。

班主任借助案例写作表达是班主任成长的“发力”，如果有其他班主任尤其是专家给予“借力”，二者形成“合力”，借助案例写作进行共研，将会用最小的时间成本给班主任带来最大的成长收益。第三，研修不是一个单向接受的过程，而是一个有输入、有输出、有双向互动激发的过程。[①]在集体研修的过程中，不同专业发展阶段的班主任、校内外班主任与研修员等相互交流讨论，形成“研”的氛围。“实践性判断是为解决实践疑难的，是为行动而做的判断。诊断性判断是要解决理论疑难的，是为理解而做的判断。”[②]研修在一定程度上能把“为行动而做的判断”与“为理解而做的判断”充分融合，再借助文本表达得以强化。

相对于学科教师公开课、观摩课、听评课等研修优势载体来说，案例研修对于班主任团队开展集体研修具有独特的优势。第一，相比于一般培训受时间、场地、形式、内容等限制，案例写作具有个体性，班主任可以自主选择时间、地点进行写作、修改。第二，与学科教学可以预设、可以现场观摩不同，班主任工作尤其是学生教育工作不能现场观摩，生成性大于预设性，且班主任大都自己独立解决问题，但案例写作可以让班主任回溯过去，借助写作让他者进行“观摩”。第三，教室是思想的发源地，也是思想的阻隔地，“教师在教室里度过大量的时光，而教室本身的构造象征着教师的孤立，把教师互相隔开，并妨碍教师接触超出他们个人背景的思想源泉”[③]，而案例写作与案例研修可以架起班主任与自身、班主任与班主任、班主任与研修员之间对话的桥梁，使班主任实现与多主体之间的合作。第四，案例写作是班主任的基本功，学校每学期会要求班主任撰写教育案例或组织班主任参加各级各类案例征文评选，如果能把案例资源充分运用起来，作为研修载体，将会推动班主任研修的深度开展。

案例研修不仅让班主任对自身有了更深的认识，也让班主任有机会把自我展示给他人。表2–1概述了4位班主任围绕“低年级班规的实施”撰写的案例，集体可以基于此开展研修。

---

① 陈晞．基于“关键教育事件”的教研模式［J］．上海教育科研，2010（4）：4–7.

② 刘月霞．追根溯源：“教研”源于中国本土实践［J］．华东师范大学学报（教育科学版），2021（5）：85–98.

③ 古得莱得．一个称作学校的地方［M］．上海：华东师范大学出版社，2006：211.

表2-1 “低年级班规的实施”教育案例分析

序号	解决路径	解决策略	问题本质
案例1	第一步，班主任制定温暖的、浅显且易操作的儿歌班规 第二步，学生初步适应班级生活后，班主任满足学生自主决定的需求，让学生自主讨论班规，并通过仪式感极强的活动，增强学生对班规的认同 第三步，引导学生制定自主评价表进行监督	温暖、自主、监督	规则与生活、规则与自由、规则与自主、规则与自律
案例2	第一步，学习《小学生日常行为规范》和小学生一日常规，并在日常生活中对照实施 第二步，班主任观察学生经常出现问题的行为，加以关注，并通过口头约定的方式不断向学生强化规则 第三步，根据学生的薄弱点进行通关练习 第四步，根据薄弱点，围绕带齐学具、干净卫生、遵守时间等制定班规和自主监督评价体系	一般强化、薄弱点强化、自主监督与评价	
案例3	第一步，通过学习绘本和《弟子规》来初学规则 第二步，通过游戏体验了解规则 第三步，学生画出班级中需要的规则，进而理解规则 第四步，制定歌谣式规则	初步感知、体验理解、表达理解、歌谣强化	
案例4	第一步，班主任结合《小学生日常行为规范》和小学生一日常规的内容，根据班级学生的情况，从学习习惯、卫生习惯、劳动自理能力、文明礼仪和纪律意识5个方面着手制定童谣班规 第二步，发现、总结问题 第三步，情感认同、弹性执行、培养技能	总体感知、发现问题、自主培育	

表2-1中的4位班主任在带领低年级学生制定班规、习得规则上有不同的策略，这些不同的策略构成研修载体，使其他班主任在学习这4位班主任不同策略的同时自主思考：不同做法背后体现了怎样的育人理念？每个策略背后的教育规律是什么？不同策略背后的共性理念是什么？低年级班规建设需要把握的要点是什么？班主任可以利用策略的“拼图”和理念的“拼图”理解问题本质。

表2-1中的4位班主任采取的策略是不同的。在案例1中，班主任先是通过儿歌让学生熟悉一年级的生活，之后引导学生自主制定班规，尤其突出通过仪式教育增强学生对班规的认同，让学生在极强的班级荣誉感中认同和习得规范；在案例2中，针对一年级学生的特点，班主任没有急于制定班规，而是“爬坡式”地引导学生认识规则，尤其值得赞赏的是，班主任认为学生不能达到要求，是缺乏相应的能力，为此，班主任加强了对学生的能力训练，这个举措是与众不同的，也隐含着值得班主任思考的问题——能力提升与规则养成的辩证关系；在案例3中，班主任通过学习绘

本、做游戏等手段让学生认识规则，尊重了一年级学生的身心特点，让学生借助形象的参与来理解抽象的规则，也给班主任提供了思考“如何把抽象的规则形象化”的空间；在案例4中，班主任总结出一年级学生不遵守规则，其原因是没有建立集体荣誉感，为此，通过活动激发学生遵守规则的强烈愿望，也引导班主任思考班级归属感与规则养成之间的辩证关系。

基于案例开展集体研修，主要有以下环节：第一，明确主题；第二，收集呈现解决问题的思路和策略的不同案例，案例越多元越有助于研讨；第三，分析不同案例中的策略和策略背后的理念；第四，把体现的理念进行上位概括化，如表2-1的案例可以上升到规则与生活、规则与自由、规则与自主、规则与自律来展开讨论；第五，把提升的理念拓展到班主任的整体工作中。

我们可以看出，面对同样的问题，不同的班主任可能会有不同的解决策略，不同策略的背后隐含着班主任思考问题的切入点、解决问题的着力点的差异，在差异的背后又能体现出共同的教育本质。不同的班主任提供的故事不同，其中蕴含的教育智慧和教育艺术也不同，让班主任在“众”中理解“一”。

不同的故事为班主任提供了不同的、独具特色的策略，开阔了班主任的视野。同时，故事的主题性引导班主任看到不同策略背后触及的教育本质，使理论鲜活化、实践理性化，增加班主任发展的“宽度”。

案例研修要避免一时兴起、有一无二，因为不系统、不深入的案例研修只能给班主任带来偶然的启发，这可能会激发班主任一时的专业幸福感，但一旦这个偶然消失，班主任就会恢复常态。为此，外界需要不断提供支持，班主任要形成借助案例开展研修的意识，使案例研修系统化与制度化，不断促使班主任借助案例研修从无意识学习转变为有意识学习。学校要有意识地规划大专题、小主题的案例研修，从横向看，要使各个大专题能够涵盖班主任工作模块；从纵向看，要使各个小主题能深化班主任思考。如此，班主任通过一段时间的案例研修后，能对教育的横向脉络与纵向节点形成深度思考，能挖掘自身的成长点、困惑点、对比点[①]，勾勒出自己的思想与实践脉络。

教育是心灵影响心灵的一种活动，班主任与学生沟通的能力高低会影响教育效果。在教育实践中，存在不同班主任沟通能力差异显著的问题。有的班主任有较

① 李秀萍. 基于成长型思维的“场·点”研修模式构建［J］. 教学与管理，2022（16）：27-31.

强的沟通能力，师生之间的关系非常融洽，班主任对学生的积极影响显著；有的班主任沟通能力弱，经常导致发生师生冲突。班主任研修团队可以围绕“如何提高沟通能力”开展系列、深入的研修活动。基于此主题，班主任可以总结自己的经验，形成案例，同时思考以下问题：哪些因素影响班主任的沟通能力和沟通效果？哪些影响班主任沟通能力和沟通效果的因素是班主任可以改变的，哪些因素是班主任难以改变的？班主任可以通过什么途径来提升沟通能力和沟通效果，需要什么外部支持？

班主任基于对以上问题的思考撰写案例，再通过案例分享开展深度研修。在研修中，班主任进一步聚焦“沟通”问题，深入讨论，形成系列研修活动，形成体系化的研修主题，加深对“沟通”的理解。同时，班主任在不断研修中产生新的认知和策略并将其积极运用于实践进行再探索，从而形成新的研修案例。如此反复，教育故事不断被续写，案例研修不断被深化。

在开展集体研修的过程中，学校可以形成多元的校本研修方式。如学校可以根据班主任所处的职业生涯周期，将本校班主任划分为适应期班主任、成长期班主任和成熟期班主任，并鼓励他们根据自身特点发挥不同的作用；打破年级的界限，年级间互请有经验的班主任作为主讲人进行有关案例的讲解，实现跨年级资源共享；鼓励班主任提供成功或者失败的教育案例，群策群力，分析案例背后的教育理念，通过沙龙提升班主任的理性思考能力。

在研修活动中，班主任作为参与者应充分发挥主观能动性，在交流共享中不断突破个人视域局限，不仅贡献自己的智慧，也汲取他人智慧，在资源共享、同伴互助中提高育人水平。专家引领与班主任主动参与相结合、理论学习与实践探索相结合、经验总结与理性分析相结合、讲授式培训与体验式培训相结合的方式能使研修活动达到最好的效果。

六、基于案例研修提升核心素养

（一）全景扫描，从“小我”走向“大我”

班主任在实践中会遇到很多案例，但能作为研修的案例必须具备一些特质。泛泛而谈、蜻蜓点水、无病呻吟的案例对于研修没有价值。能开展研修的案例是班主任通过叙述的方式，讲一个带有寓意的事件。“有寓意”即班主任在选题中要自我评估做法及背后的理念是否有创意、是否能给他人启示，这就促使班主任复盘以往的教育教学经验和自己的教育理念。如果班主任仅把班主任当作一份职业，消极应对，那么，其必然筛选不出“有寓意”的事件；如果班主任用心做教育，用心在思考，必然能够筛选出值得他人借鉴的思想和策略。

文字背后是思维。班主任借助口语表达时，很多时候不会认真思考语言背后的逻辑；但当借助文字表达，就会考虑前后表达的逻辑性和清晰性，自我审视案例的主角是谁、主角呈现的问题是什么、班主任采取什么策略来解决问题、策略的成效如何等，以合规律、结构化、系统化的方式来呈现策略，使策略成为一个有意义的结构，以“螺旋上升”之样态明晰地呈现干预思路，为自我审视提供了载体。因为研修案例是带有公共属性、向外表达的一种方式，教育案例的表达语言体系能否被大众理解、表达的思想和文化能否被大众接纳、表达的主旨目的能否被大众读懂，都关系到其能否成为研修载体。

案例研修促使班主任进行自我洞察，班主任在布局事件发生背景—处理过程—处理结果—处理反思的过程中反思自我形象：是职业的“小我”还是点燃学生生命的“大我”，借案例来反思与表达自己与职业的关系、自己与学生的关系、自己与班级的关系等。因此，每个案例背后都是一个班主任的形象，不同案例组成了班主任完整的育人形象。

我们以一位班主任为例，一同来感受班主任在案例研修中的成长与蜕变。

在“问题行为学生的教育”的主题研修中，一位班主任提供的案例是围绕一位想被认可的学生小甲来写的，全文约2000字，其中有大约1500字都在描写小甲的问题，只有大约400字介绍了自己的教育策略。

策略

我问小甲：“小甲，你是不是也想做一个好孩子，能经常得到别人表扬？”听到我直白的问题，小甲大声地“嗯”了一下。我接着问：“你是不是也想做好，但就是管不住自己？”他用力地点点头。这时，我们的交谈就顺利了，他说了他的想法，顺着他的想法，我提了一些建议，也说了一些道理，他频频表示很同意。第二天，我在3楼看他们出操，体育老师一下口令，平时从来不动的他，迅速地站了起来，那一刻我心里真有几分感动，虽然后面的广播体操，他还是不太爱动，但回到班里，我对全班学生说："今天我特别感动，我想表扬一位同学，他听到了老师的口令，能够迅速站好，但我不想说这位同学的名字，因为我觉得他能做得更好，比如认认真真地做操。"其他学生都不知道说谁，四处找，我把眼神递给了他，他不好意思地笑了笑。直到有一天，他自觉地站回了原来的做操位置，我摸着他的头笑着说："站这儿可要好好做呢！"他点点头，果然他做得很好。现在，小甲上课也好很多了。

针对这位班主任的案例，专家提出修改意见："干预策略有一些，放在案例里，其比例就少多了。这篇案例想表达的是班主任对想被认可的学生的干预策略，但前面花了很多笔墨讲了学生的问题，有点头重脚轻了。写一篇案例之前，一定要想清楚自己想借助案例表达什么观点，想在哪些方面给别人借鉴，然后再回过头思考案例应该详写什么、略写什么。"

根据专家提出的修改意见，这位班主任认为自己原先撰写的案例没有特别具体的、有新意的干预策略，没有想清楚自己想通过这篇案例表达哪些举措、突出哪些思想，为此，决定重新梳理表达思路，其内容和表达结构就发生了质的变化。

策略

第一步：温情接纳

三年级伊始，我就做好了重新面对小甲的准备。作为班主任，我先要调整好心态和情绪。小甲的能量巨大，破坏力极强，但他这些行为的背后是难以自控的情绪和极度缺爱的心灵。有一次，小甲居然偷偷拿走了我在班里没收的卡片！……我恨不得瞬移过去把小甲拽过来数落一顿。可我并没有这么做，我闭上眼睛让自己平静下来，缓了一会儿，才回到班里把小甲带到办公室，对他说："你拿我东西了，对吗？"他愣了一下，摇摇头。“那我桌子上没收的卡片呢？”他说：“那不是您的……”我克制了一下音量说：“放在我桌子上的东西就暂时是我的！”他低下了头。我对他说：“你可以跟老师说说你的想法……”他抬起头看了我一眼，我看到了他湿润的眼睛……回到家，我第一次接到了他妈妈主动打来的电话，给我道了歉，说孩子回家说，赵老师对他可好了，不应该惹赵老师生气……

第二步：结伴而行

小甲的铁哥们儿小乙，是班里仅次于他的“淘气包”，之前用各种方法拆开他们都没有成功，这次我决定支持他们在一起，并告诉小乙：“我希望你用榜样作用影响小甲，把小甲带进这个班……小甲最依赖你，你是他的心灵支柱，班级的命运就掌握在你手里了，你要是能把他带好了，学校、老师、家长都感谢你……未来一周，你不能再带着小甲犯错误，他有问题你劝他，劝不动转身就得走，不能参与。”“好，我保证。”小乙连连点头。

第三步：“偏袒”的爱

小甲在学校最突出的问题就是不会交往，班里的同学不是讨厌他就是害怕他，根本谈不上接受和理解。在班里，我会抓住小甲的一点点进步和大家分享，会鼓励、赞扬他的努力；小甲和同学发生矛盾时，我会把批评教育改为帮助他们分析对错；我还找班干部开会，利用他们的威信和影响力，让同学们放下包袱和成见，多宽容小甲，多接触小甲。渐渐地，我发现，有一些同学愿意和小甲一起玩了……

（中国农业科学院附属小学　赵希）

通过前后案例的撰写对比，我们可以看出这位班主任的变化。第一，这位班主任努力在经验中选择值得总结的案例；第二，针对“小问题”，这位班主任尝试总结自己系统的干预策略，总结策略的过程也是班主任自我反思的过程；第三，梳理对策的过程是班主任复盘的过程，也是班主任把策略联系起来进而使策略结构化、梯度化的过程，还是班主任探究策略背后的教育理念的过程。通过一个又一个案例的撰写，班主任把碎片经验连贯起来，逐渐明晰自己立德树人的教育理念。

（二）基础扫描，从“浅层”走向“深度”

班主任都有美好的教育理想，但在实践中经常会出现教育方法低效、无效甚至触犯师德底线等问题，常常为此焦头烂额，甚至影响身心健康，导致职业倦怠。学校经常组织各种师德培训、基本功培训等，但很多班主任能看清他人，却看不清自己，认为自己不会出现诸如他人的低级错误。案例研修可以帮助班主任更好地分析自己、看清自己。

第一，借助案例研修发现错误的观念。错误的观念指的是违背教育规律的观念。班主任在管理至上、分数至上、秩序至上的理念影响下，特别容易出现重视分数而忽视学生、用规则驾驭学生、用统一标准要求个性不一的学生的行为，在制度化的生活环境中使自己的认知被蒙蔽，形成错误的思维定式，理所当然地实施错误的教育策略。如有的班主任介绍自己如何不折不扣、按照规章制度严肃处理违规学生却没有意识到自己的行为已经侵犯了学生的隐私权。通过案例分析，班主任就能认识到哪些行为违反了《中华人民共和国未成年人保护法》《中小学班主任工作规定》。法律与规范是抽象的，教育实践是具体的，借助案例分析能让班主任充分理解抽象的规范，进而提高班主任的理性辨别能力。

第二，借助案例研修发现无效的观念。教育是复杂的，是各种因素相互作用的结果，但班主任在实践中往往因为追求效率而“目光短浅”“就事论事”，使自己陷入不良循环中。如有的班主任介绍自己如何从“同学监督”升级到“APP（应用程序）公开‘晾晒’”，期望通过公众压力来解决学生不交作业的问题。这种策略显然是本末倒置的，不但不能取得预期效果，还可能激发师生与家校矛盾。这种策略源于班主任不能找到问题的根源，致使其用尽全力却没有取得成效。案例研修能帮助班主任建立全面、辩证、理性分析问题的思维方式。

第三，借助案例研修发现低效的观念。在实践中，当班主任不能透过现象抓住本质时，就容易出现教育低效问题。正如“制度不变的前提下，学校德育改革收效甚微”[①]，班主任在班级建设和课堂教学中也是如此。不公平、不民主、不自由的制度培养出公平、民主、自由的公民素养，是低效的，甚至是不可能的。案例研修能深入班主任的班级教育生活，打通班主任教育理念的脉络，促进班主任深度理念的

① 杜时忠. 我国学校德育体系将进入“五个德育”新境界［J］. 人民教育，2018（22）：36−42.

构建。

表2-1中案例2的班主任介绍自己是如何在一年级实施班规的。第一步，让学生熟悉《小学生日常行为规范》和小学生一日常规，让学生初步明白学校对于一年级学生有哪些要求；第二步，观察学生的表现，针对学生出现的一些问题，及时与学生进行交流，形成初步的口头约定，让学生进一步明确一年级新生应该形成哪些规则；第三步，当观察到大部分学生了解学校对学生的基本要求，但又不能达到且需要长期培养时，设计通关练习，提升学生的能力，进一步强化学生养成良好行为习惯的意识；第四步，通过加减分等举措监督并评价学生规则习得情况，进一步强化学生的规则意识。

案例2中的班主任非常详细地介绍了自己采取的策略，体现了自身对一年级学生身心特点的了解。在第一至第三步中，班主任能给予学生充分的成长时间和恰当的能力培育，充当指导者而不仅仅是标准制定者和学生行为评判者的角色。然而，在第四步中，班主任介绍了通过加减分来监督并评价学生的举措，与前三步并不匹配，因此，专家提出了建议："在监督评价部分，加减分过于单一，与前面策略中体现的给予学生成长空间没有形成很好的呼应，想一想实践中有没有其他的评价策略。"经过启发和指导，这位班主任总结了她采取的其他的评价方法：免批评一次、和好朋友做一天同桌、当一天班主任助理、自由支配时间20分钟、在班里举办个人画展、得到全班同学的夸奖等，把这些奖励措施写在纸条上放进阳光宝箱，每到周五中午，表现好的同学会获得一次宝贵的抽奖机会。这样的奖励措施让学生开心、期待，更自发地努力做到更好。修改后的四步策略层层递进，体现了班主任尊重学生的身心特点，很好地处理了帮助学生建立统一规则与给予学生个性成长空间之间的关系，体现了教育的人文性。

通过案例的不断修改和完善，我们可以看出，班主任不仅总结了经验，而且逐渐理解了自己好的经验背后蕴含的教育理念，并且在与其他班主任交流和专家点拨的基础上，逐渐提升了自己看问题的深度。

（三）深度扫描，从"隐性"走向"显性"

班主任职业具有实践性，实践具有不确定性，因此，班主任的教育行为一定带有直觉性、实践性、艺术性。班主任的实践经验内隐于教育案例中，把教育案例与深度研修结合起来，能有效促进班主任洞察自我。

在实践中，很多班主任排斥理论甚至惧怕理论，认为理论对于实践没有指导价值。案例研修可以扭转班主任的这个观念。每篇案例背后都有班主任的隐性理念，包括班主任对于“人”“教育”“班主任”“学生”的观念等，这些观念潜移默化地影响着班主任，但班主任很难觉察到。大部分班主任在就职前都学过教育学理论，都知道人是生命主体，但这是抽象的概念。什么是“人”和“人”的复杂性与个性化都鲜活地呈现在教室中，班主任正是在与学生的交往过程中践行自己对于“人”的观念的理解。如果班主任潜意识里只有“工具人”“经济人”的观念，则只会以分数作为评估学生好坏的标准，把“积分”作为管理学生的手段；如果班主任潜意识里有“生命人”的观念，则他会注重班级文化和师生情感建设，允许学生在错误中成长、在多元智能中成长。如果专家借助案例研修把班主任背后有价值的理念挖掘出来，让班主任在一个个鲜活的教育案例中勾勒出“什么是人”的架构图，对于班主任的专业成长来说将是一个飞跃。

案例

…………

给小甲专属的陪伴

那天放学后，我把小甲留了下来。其他同学走后，我看见坐在教室等着我的他正在摆弄着手里的笔袋，不知道该做什么。我说话时，他的眼睛紧紧地盯着我，看得出，他有点紧张。我笑了，对他说：“不用紧张，咱们先写作业吧。”只见他坐姿端正，迅速从书包里拿出作业写了起来。我没有打扰他，只是坐在他身边，默默地陪着他。他完成了所有的作业之后，作为奖励，我邀请他和我共进晚餐，并给他订了一份他最爱吃的比萨。从此以后，我会经常陪他写作业，他越来越清楚地意识到我对他的关心与爱护，他也愿意按照我说的去做。

给小甲温暖的教室

为了让小甲在集体中更有归属感，我每周都会给他参与班级值日和分饭工作的机会，同学们夸他是班里的“值日大总管”。他听到这样的评价总是会露出腼腆的笑容。

帮助小甲实现专属愿望

小甲告诉我，他有一个愿望，就是加入学校的相声社团，在元旦联欢会上为大家表演一段相声。进入相声社团最基本的要求就是不能捣乱，课堂纪律必须好。为了帮助小甲养成好习惯、强化纪律自觉，也为了更好地发挥集体的力量，我号召同学们为他提供帮助。我为他“定制”了一张卡片，这张卡片上写了当天的所有课程，同学们担任“小老师”，“小老师”的任务就是每个课间提醒小甲去找这节课的老师签字并完成这节课的课堂评价，放学前提醒小甲拿着这张卡片来找我做总结。

…………

（中国农业科学院附属小学　周玉洁）

在这个案例中，班主任介绍了自己针对一位随班就读学生采取的“专属教师”的系列做法。专家通过三个步骤帮助班主任分析实践背后的理念：第一，专家通过与教师的对话，引领教师看到案例中隐含的独特理念，如这个案例体现了班主任个性化教育的思想，班主任通过“专属教师”的系列做法提出了自己的教育主张。第二，专家通过“为什么‘专属’”“‘专属’要解决哪些问题”“干预策略是否体现了‘专属’”“‘专属’与班级常态教育如何融合”等问题与班主任展开讨论，引导班主任重新思考“专属教师”的系列做法的价值和策略，让班主任认识到“专属教师”的系列做法背后的人本主义、个性化教育理念。第三，在隐性理念显性化之后，专家指导班主任对案例进行再次完善，使背景分析、原因分析、举措分析都以个性化教育为主线。在再次研磨中，班主任通过案例撰写尤其是策略表达，不断复盘，弄清自己的哪些举措体现了个性化的教育理念。

如果班主任以此案例为中心，延伸到自己整体的教育教学工作中，个性化教育、“专属”与“共属”就可能成为这位班主任的专属表达体系，进而引领这位班主任在后续的教育实践中不断探索，形成独特的育人模式。

（四）主题扫描，从“分割”走向“完整”

“分割”有两层意思，第一层意思是班主任对一个内容的分割，第二层意思是班主任对内容与内容之间的分割。

我们以某班主任撰写的一个案例进行分析。某班主任围绕“如何应对低年级学生不能控制情绪的问题”撰写教育案例，在案例中介绍了应对举措，如借助情绪主题班会、情绪绘本故事、自我事件、他人事件理解情绪。可以看出，班主任就此主题积累了很多碎片化经验，班主任可以就此展开案例研修。

第一，专家要与班主任讨论哪些策略是针对低年级学生控制情绪的，剔除不适合低年级学生身心发展特点的、偏题的策略，班主任在研修中就会对策略的适当性有深刻认知。

第二，专家要与班主任讨论每个策略背后突出的理念是什么，体现相同理念或者有相同理论基础的策略可以合并，使策略模块化。策略模块化有助于推动每个模块下策略系统化，也有助于推动模块与模块之间的系列化。在研修过程中，专家与班主任在讨论中从多重维度合并同类项，如可以从班级策略、家校策略、个体策略的维度合并相同策略，也可以从直接体验、间接体验的维度合并相同策略。从不同维度进行分类可以拓宽班主任的理论视野、分析问题的多维视角，促进班主任对实践经验进行重组，推动班主任将经验再实践化时能使策略更科学，同时也促使班主任在实践中思考，在思考中实践，成为研究型班主任，实现对经验的理性超越。在讨论后，班主任认为自己在处理学生情绪问题的策略上可以分为三个层次：第一层次是让学生在自己经历的事件中了解情绪的存在；第二层次是让学生作为旁观者观察他人在一些事件中的情绪，让学生在帮助他人中进一步认识情绪、践行应对不良情绪的一些方法；第三层次是让学生通过绘本学习掌握更多的应对不良情绪的方法。这样的讨论，不仅能帮助班主任把原有策略系统化，还厘清了策略之间的逻辑关系，更有利于班主任后续的思考与实践。

第三，在讨论之后，班主任把碎片经验排序、重组，使策略之间呈现螺旋上升的态势，实现问题—策略—目的的层层递进。借助不同类型专题的案例研修，班主任就能对不同类型的专题进行系统化整理，激发自身思考，促进自身思维条理化、系统化，使自身知道如何重新组织经验、如何将经验系统化并上升到学理层面，进而借助经验的系统化促进理念的系统化，又用理念的系统化进一步推动经验的系统化。

当专家借助案例研修指出班主任经验策略中存在前后逻辑之间的矛盾时，班主任恍然大悟：“您指出的恰恰是我很困惑的地方。”“我一直纠结的问题，您一点拨，我就明白了。”

案例

以图画书为工具引导学生认识、管理并疏导情绪是非常直观、有趣而有效的方法。于是，我找来了情绪绘本《生气汤》与学生进行共读。

班会课伊始，为了激发学生的阅读兴趣，我把书中的主人公霍斯的硬纸板画贴在了黑板上。接下来，引导学生结合霍斯的面部表情推测霍斯的心情，与学生一起带着“霍斯为什么生气？”“霍斯生气时都做了哪些事情？”的疑问在书中寻找答案。之后，我又带着他们进行深入思考：“每个人都有生气的时候，但经常生气对自己不好，对别人也不好。你们有什么办法来帮助霍斯消消气吗？”问题刚一提出，学生就七嘴八舌地讨论开了。有的说：“我生气的时候，会找我最好的朋友倾诉。”有的说：“我会去做自己喜欢的事情让自己开心起来，比如看书、画画。”有的说：“我会安静地待一会儿。”等情绪疏导小妙招交流完毕，我又让学生进行角色扮演，通过表演把自己疏导情绪的方法直观地呈现出来。当学生沉浸在角色扮演带来的快乐中时，我对他们说：“你们自我调节情绪的方法可真多。处在生气中的人，其实他们也很难受，对于这些同学，我们应该怎么帮助他呢？”这时学生安静下来，纷纷将目光转向了程程，几秒钟之后，程程的小手举了起来：“我生气的时候，如果有人关心我，那我真的就会舒服很多。”听着大家的发言，我的心里满是感动。我想，在友善的班级环境下，大家的情绪调控能力也一定都会得到提升。

班会课后，我赶紧找来程程：“《生气汤》里的霍斯遇到了很多不如意的事情，妈妈煮了一锅汤让他变得开心起来。班会课上，同学们也总结了不少疏解情绪的小妙招。你生气的时候，有什么办法让自己走出来呢？你有过成功的经历吗？”

程程想了想说：“有一次我在家里很生气，摔了一会儿毛绒玩具心情就好多了。”

我赶紧肯定他：“你看，这个方法就很不错，既不伤害自己，也不伤害别人。如果在学校发生了不愉快的事情，情绪失控了，怎么办呢？”

“那我就撕纸条。这样也不影响老师和同学。”

"嗯，这个方法也可以。还有别的适合自己的方法吗？"

"我生气的时候，会找个地方自己待一会儿，平静一下，就会好很多。"

经过我们的探讨，程程选择了自己喜欢的2种疏导情绪的方式——撕纸条或者离开教室。我还送给了程程一个日记本，让程程用绘画或者文字的方式记录那些令他感到情绪波动非常大的事件。

（中国农业科学院附属小学　孙卓）

生活是连续的，班主任经验也是连续的，然而，如果班主任对经验没有太多的总结与理性反思，就会导致经验碎片化（经验只是对某个具体情境的行为反馈）、非连续化（某些经验之间没有前后连接）和混乱化（某些经验有交错或倒置甚至冲突）。研修可以助推班主任通过梳理、研究过去的案例把日常教育生活连贯起来，使已有的经验经过叙事表述重组成有意义的经验。班主任"身"在日常化的琐碎工作中，但"心"要在模块化的思维范式中，模块化的思维既有助于班主任把握教育工作的本质、核心矛盾与次要矛盾，也有助于班主任用模块统领日常琐碎工作，开展微课题研究，分门别类地开展深入专题研究。

借助案例解析和理论解析，教师的思维发展经历"教育情境—解决策略—解决问题的方法论—思考问题的思维方式"的全过程，引导教师深入理解每一个教育问题、解决策略背后的教育理念；帮助教师建立起相关概念与原理之间、概念与主题内容之间、概念与教育之间的联系。①

"一个故事通过生活而得以创造、叙说、修改和再叙说。"②对于班主任来讲，他们的教育过程就是进一步续写故事的过程。当案例研修成为班主任的成长模式和研修习惯后，他们就会把反思融入自己的教育生活，在规划、处置和思考教育问题时，能把自己放在学生的位置进行思考，站在学生终身发展、培育学生核心素养的视角规划当下教育，使班主任的思维模式发生质的变化。

① 李秀萍. 基于成长型思维的"场·点"研修模式构建［J］. 教学与管理，2022（16）：27-31.

② 施铁如. "怎么都行"——学校改革研究的后现代思考［J］. 教育研究与实验，2003（2）：69-72.

在基于教育案例的研修过程中，研修团队不仅要重视班主任撰写和分享案例的实践，也要重视对班主任理性思考的引导。二者结合的研修活动，不仅能提升班主任开展基于案例的研修水平，而且能加深班主任对案例背后教育规律的认识。由于这些结论和认识不是专家给予的，而是班主任实践探索后的深刻体会，因此，对班主任的影响更加深刻和持续。在整个研修过程中，研修团队要关注对班主任的调动和引导，要关注班主任是否在思考、如何思考、思考了什么、思考的结果是什么、能否把所思所想与实践结合起来改造，要重视班主任撰写案例的结果和借助案例开展研修的过程，要提醒班主任多问“为什么”和从多角度分析问题、从现象分析本质，从而促使班主任通过研修提高自身专业素质和可持续发展能力，促进教育水平提高。把工作改进与提高研究能力结合起来，也切合班主任的发展需求。

（五）特色扫描，从“常态”走向“创新”

“每个人的心理都与他的面孔一样，各有一些特色，能使他与别人区别开来。两个儿童很少有能用完全相同的方法去教导的。”[①]教育是极具实践性与复杂性的活动，一般的教育理论只有经过个性化的实践才能实现其价值。也就是说，一般的教育理论只有经过个性化的实践才能焕发理论的思想魅力，同时，个性化的实践反过来丰富教育理论的内涵。

教育案例讲述的是班主任个人的育人故事，不管是故事主角、事件发展脉络，还是班主任的干预策略，都极具个体性。教育魅力、教育艺术、班主任智慧也正是借助一个个案例才能呈现出来。教育案例是个体的，但有效的案例一定是符合教育规律的，班主任可以借助案例研修再次对实践进行解读、解构、建构进而重构理论。因此，每篇教育案例都是个别化的，但通过个别化一定能实现普遍化。

案例研修促使班主任思考一些本质性和关键性问题：引发学生有如此行为表现的本质根源在哪里？与本质根源相关的其他关联性问题是什么？哪些是紧急但非根本的问题、哪些是不紧急但是根本的问题？如果不借助案例研修，班主任一般没有时间和机会来思考这些问题。

案例研修促使班主任思考基于学生未来公民核心素养的长远目标的构建。班主任撰写的教育案例一般聚焦于具体的小问题，多是就事论事，而借助专家与班主任

① 洛克. 教育漫话［M］. 北京：教育科学出版社，1999：184.

对话交流，可以超越就事论事，使班主任看到具体案例背后的“为谁育人”“育什么人”“如何育人”这些本质问题，使琐碎的教育案例形成结构框架，使班主任站在育人的高度来俯瞰教育细节。班主任在新的理念结构下能对日常教育事件进行更深刻的理解和践行。

案例研修促使班主任教育风格化。把实践案例转化为文本案例，进而基于文本案例开展研修，需要专家基于平等对话、循循善诱的原则，引导班主任由内而外生成观点，所有的对话点、建构点、思维点都基于班主任提供的教育案例，需要班主任主体生命的投入与参与，更需要专家对班主任主体的尊重与张扬。如果把教育案例比喻成“原材料”，把研修比喻成“脚手架”，那么，不断完善和修改的案例和后续的再实践就是“成品”。在系列的案例研修中，专家能帮助班主任发现相关理论，并在此基础上进一步生成班主任个性化的理论，助力班主任形成独特的教育流派，并在理论引领下不断变革实践。

案例

在一次集体研修中，研修员带领班主任围绕“班级奖励的利弊”进行讨论，从一个现象——“在班级生活一段时间后，个别学生逐渐被其他学生排挤，学生用‘有色眼镜’看待同学，总是给予同学消极评价，在分组时不想要个别同学”出发，引出进一步思考的本质问题——“如何通过奖励（制度）激励每个学生，让学生之间形成聚力，而不是激励一部分学生、打击一部分学生，让个别学生被排挤在集体外？”

围绕“如何实现制度凝聚人”，班主任提出了多元策略：第一，积分人员组合变化，从个人积分到二人结对积分、四人结对积分、八人结对积分，以此类推，最终达到班级总体积分，让每个学生都能看到自己的潜力，同时消除个体之间的横向对比，强调“一起成长”；第二，用透明玻璃瓶子积攒星星，星星积攒满了，就组织一次班级活动让每个学生都能为班级活动的举行贡献力量；第三，既有个人成长奖励，又有帮助同伴奖励，鼓励学生互帮互助，彼此合作，增进同学友情；等等。这就是高质量研修，班主任不仅获得了解决问题的策略，更提高了教育审思能力。

案例

班主任围绕“家校沟通”讲述了两个故事。第一个故事是班主任为了调动家长参与班级建设的积极性，经常在班级大力表扬积极为班级服务的家长。有的家长认为，这种做法不妥，会侵犯学生在班级平等接受教育的权利；而班主任认为，家长的付出理应得到认可。对于“应不应该在班里大力表扬为班级服务的家长”，班主任也分为了两个阵营。第二个故事是班级成立了家委会，班主任号召家长积极承担班级任务，组织适合学生的活动。个别班主任抱怨有困难，认为家长不太积极，给点“好处”才愿意干；认为家长觉得自己的孩子没有得到“好处”时，就找借口“罢工”了，感觉像在做“交易”。

针对上面这两个故事，研修员提出研修的点集中在两个方面：第一个方面是问题的根源，不管家长不“配合”班主任的行为表现是什么，最根本的原因是“不对等”，具体表现为信息不对等（家长认为多做服务了，班主任一定会对自己的孩子更好）、价值不对等（家长带着功利思想进行班级服务）、情感不对等（家长害怕如果不为班级服务，孩子会受委屈）。家长的表现与班主任的期待是不相符的，这是冲突根源。第二个方面是如何实现对等。首先，应做好前期建设，把家校沟通放在班级建设、组织建设的视角下进行，在日常向家长传递清晰的班级育人理念；其次，应转变表达视角，从“表扬”转向“感谢”，更突出事情体现的品质，引导家长树立公正无私、关注集体的价值观；最后，在策略上注意班主任的反馈不能引起家长和学生之间的“攀比”。

在持续规划故事、续写故事、重构故事的过程中，促进班主任形成主动规划和主动探索的模式，将好的教育行为固定下来。班主任的专业成长由一个个关键的、有意义的事件组成，借助研修，班主任通过对事件进行回溯、理解、认同、再实践或者再回溯、反思、调整、再实践，在实践中循证研究，促使自身建立完整的行动逻辑体系，引导自身不断完善教育策略，让自身在不断续写教育故事中实现美好的教育愿景，用一个个美好的教育故事描绘出美好的教育生活。

第三章

基于问题情境开展研修

教育是鲜活的，学科教研的阵地在鲜活的课堂中，学科教师可以现场上一节课以供其他教师开展研修，其他教师可以围绕现场课分析授课教师的教学策略如何、教学策略是否与学生的认知匹配、还有哪些更好的教学策略和这些教学策略体现了哪些理论等。基于现实情境开展研修，能激发教师的参与兴趣，使教师在实践参与中提高教育理念和教育技能。那么，班主任开展研修是否也可以借助情境，把班主任需要思考的问题镶嵌在情境中，使班主任在解决“真实”问题的过程中提升理性认知水平及解决实际问题的能力？答案是肯定的。

一、什么是问题情境

从班主任的工作属性来说，班主任以班级为阵地，以鲜活的班级生活为载体开展工作，班主任正是在一个又一个情境中积累了丰富的实践经验，提升了对教育的认知水平；从班主任作为成人学习者的角度来说，情境能激发班主任的学习欲望，在情境式问题解决中提高认识和解决问题的能力，正如具身学习理论所言，学习必须经由主体与情境间的互动来实现，学习是主体在情境互动中被自然塑造的产物，[①]班主任的核心素养在实践中生成，最终又在实践中体现；从研修场域来说，情境为对话提供了载体，情境式研修架起了理论与实践、实践与实践、理论与理论之间对话的平台。

班主任工作的对象是由学生组成的班级和生活在班级中的学生。班主任研修几乎不能像学科教研一样把直接的班级生活作为研修场景，因为由人构成的班级生活的走向和细节很难被客观化、被预设与被结构化。然而，班主任可以借助具体、典型、人为优化的模拟情境“还原现场”，使教育现场式的情境“搬到”班主任研修的场域中。

问题情境示例

新高一入学，班主任进行了一次关于学生未来发展目标及规划的问卷调查。从调查情况来看，学生普遍对自己将来的发展缺乏思考与规划，60%的学生表示“没有想过”，20%的学生表示“目标是考一本”，20%的学生对自己将来的职业发展有一些想法。假如你是班主任，你会怎么办？

---

① 龙宝新. 具身学习视野下的教师学习形态变革［J］. 教师发展研究，2020（1）：12-19.

教育具有实践性，班主任研修的目的是提高带班育人能力。基于问题情境的研修，把班主任的核心素养转化到问题情境中，促使班主任在解决情境问题中习得相关的知识、技能与价值，同时，运用这些知识、技能与价值解决工作中遇到的其他问题。基于问题情境的研修从情境中的问题出发，最终又回归到实践问题的解决上。正如上面的问题情境所示，其就是把班主任在实践中遇到的问题——对学生开展人生规划教育转化为问题情境，让班主任解决“真实”的问题。班主任在解决问题时，既要调动原有的认知体系和经验体系，还要结合当下的问题情境，重新构建解答问题的切入点、思路和策略。问题情境既是考量班主任原有水平的载体，也是促进班主任进一步提升的载体。

班主任作为特殊岗位，其专业素养侧重的依然是教育技能①，“只有能力强的教师才能当好班主任”②。“以解决实际问题为主线的研修课程体系，不仅有利于激发班主任的参与兴趣，也能调动班主任原有知识体系和实践经验体系，让班主任在各种问题场景中加强对教育本质的深度认知”③。情境式研修基于实践中“如何行动”的拷问，通过“为何如此行动”的分析来达到班主任知与行的统一，让班主任在解决模拟的问题中经历教育理论形成的过程，真正理解理论的内涵，结合实际将抽象的理论具体化、策略化、创造化，再通过创造性的策略使抽象的教育知识个体化，进而转化为班主任的核心素养。

每位班主任都知道“教育是对学生的尊重”，但“尊重”体现在纷繁复杂的教育实践中，其形态又是多样的、充满迷惑性的。班主任往往为了提高效率而忽视了对学生的关心，在“用标准作为衡量学生的标尺”的做法中遗失了对学生的爱却意识不到。那么，借助情境式研修，在各类问题情境中，班主任就能把“抽象的爱”具体化，再把“具体的爱”抽象化，达到在理论思考与实践应用之间游刃有余地切换，在问题解决中提高立德树人的能力。

把问题镶嵌在具体的情境中，阐述自己对情境中问题的理解、解决策略，班主任不仅可以进行自我觉察与自我反思，还可以在团队共同解决问题的过程中，彼此

---

① 耿申，魏强，江涛，等. 班主任的专业素养：基于实证研究的体系建构［J］. 中国教育学刊，2020（12）：94-98.

② 耿申. 我国中小学班主任工作现状及对策［J］. 教育科学研究，2018（11）：44-50.

③ 李秀萍. 基于成长型思维的“场·点”研修模式构建［J］. 教学与管理，2022（16）：27-31.

借鉴、共同发展。

在问题情境中，表面上是班主任讨论“怎么办”的策略，实际上却是在“怎么办”的策略上考察班主任的教育理念，考察班主任对情境中问题本质的认识，考察班主任针对具体的问题情境是否形成了有创意的解决策略。

问题情境示例

期中考试后，王老师要求学生进行试卷改错，小甲因没有按照王老师给出的反馈意见进行改正，故改了很多次仍然没有合格。小甲的父亲在晚上九点钟左右在班级家长微信群中发送截图和语音，指责教师不负责、不作为，使家长花费过多精力指导孩子学习。小甲的父亲认为：“孩子的学习是孩子和老师的事情，应该由老师负责，家长负责生活。我有自己的工作，如果还要指导孩子的作业，我就没时间做其他事情了。另外，老师对孩子不应该要求这么严格，应该按照学生实际水平进行指导，不应该提过多的要求。”假如你是班主任，你会怎么办？

首先，上面的案例为班主任呈现了一个真实的问题情境，这个真实的问题情境是某班主任真实遇到的事件，可能也是其他班主任曾经遇到或者将会遇到的问题。针对此情境，班主任需要在分析前因后果的基础上，给出“如何解决”的策略应对。“给出策略”能调动班主任的参与积极性，因为每位班主任都是实践家，都有很多解决问题的经验。

其次，“给出策略”需要调动班主任对问题本质的思考。在此情境中，如果班主任要给出恰当的策略，就需要思考情境中蕴含的一些问题：试卷改错的标准化要求与学生个别化需求的矛盾，试卷改错的目的与价值，事件中教师、学生、家长的角色分工与定位，家校沟通的技巧，班主任与学科教师的沟通，等等。班主任只有对这些问题有正确、清晰的认识，才能给出恰当的策略。

再次，不同的策略为班主任讨论策略背后的价值意蕴提供了载体。针对上面的问题情境，不同的班主任会提出不同的观点。第一种观点是肯定教师、否定小甲的父亲。这种观点认为，教师对学生严格要求，并且多次认真反馈，是一位非常认真负责的教师，反观小甲的父亲，班主任认为他并没有做到家校合育，没有帮助孩子落实教师提出的修改意见。第二种观点是肯定教师但也不否定小甲的父亲。这种观点肯定教师的尽职尽责，但认为小甲的父亲提出的质疑未必不合理，小甲的父亲确实面临着困难。第三种观点认为，小甲的父亲表达的事实和观点是客观的，并没有错误。教师虽然尽职尽责，但没有认识到每个学生的差异性，没有差异性评价，也没有明确在试卷改错的过程中学生与家长的角色定位，导致一方面家长“越俎代庖”，另一方面出现家校矛盾。除了这三种观点之外，还有其他多种观点。那么，这些观点中隐含的教育假设就会有差异，差异能引发班主任对本质性问题进行深入讨论。

最后，在明晰价值后，班主任的应对策略会进行重新选择与整合。在经过“策略—价值”或者“价值—策略”的个体行动路径、策略讨论和价值讨论的集体路径后，班主任对本质性问题有了深刻的认识。在此基础上，班主任需要在正确价值认知的引领下，结合诸多有效果、有创意的策略，再次重构解决问题的思路和策略。

以上每个环节，都是班主任真实的自我研修或者集体研修的历程。情境式研修是基于鲜活的问题情境，给班主任最深刻的理性培育，引导班主任在理性思考的基础上回到对实际问题的解决中。

二、什么是具有研修价值的问题情境

问题情境质量的高低对于研修效果而言非常重要。有的问题情境中的问题和解决策略是一目了然的，没有太大的研修价值；有的问题情境中的问题表达不清，产生问题的背景也不清，班主任无法深入讨论，没有太大的研修价值。因此，发挥研修价值的问题情境应该精雕细琢。模拟的情境来源于实践，却因为模拟性而超越实践，研修团队可以对来源于实践的情境进行深度加工，使模拟情境最大限度地发挥研修价值。

模拟情境以教育事件为主体，班主任可以通过对教育事件的遴选、组合等深度加工达到研修目的。具备研修价值的问题情境应具备以下特点。

一是“相关”。情境中呈现的“现场”一定要与班主任工作密切相关，情境中呈现的问题是班主任在实际工作中会遇到并且作为关键人物来解决的，班主任对此问题的理解定位、解决策略对事件的发展走向、解决成效发挥着非常重要的作用。与班主任相关的情境，能使班主任入情入境，经历跟“现场”一样的认知和干预过程，促使班主任对问题的思考定位与解决路径显性化呈现，并在相互借鉴中得以提升。围绕与班主任相关的事件来设计情境，能够确保情境是基于实践的、基于班主任工作需求的。

二是“关键”。关键情境意味着研修团队要对诸多事件进行过滤与挑选，因为并不是所有的教育事件都适合进入研修情境。情节过于简单、解决路径单一、不能引发班主任多元思考的事件没有太多的研修价值。在此，“关键”有几层内涵。首先，“关键”是相对于班主任“业务”而言的。班主任要进行班级管理、班级建设、价值观教育、家校沟通、个别学生教育等工作，因此，事件要从这些核心业务中提炼。其次，“关键”是相对于班主任的核心素养而言的。班主任要做好专业工作，必须提升相应的专业素养，解决制约班主任发展的瓶颈问题。研修团队需要把针对班主任核心素养的考察转换成相应的情境。最后，“关键”是相对于学生成长而言的。班主任成长的目的是促进学生成长，班主任的行为往往会对学生成长产生关键性作用，为此，只有选出与学生成长相关的关键事件，才能促使班主任在解决问题中成长。

三是“结构不良问题”。“结构不良问题”情境即蕴含的问题处理没有固定的模式与结论的情境，能给班主任相对开放的思考空间。班主任可以结合实际经验，从任一角度、抓住情境中的任一关键问题提出自己的应对策略。“结构不良问题”情境能开拓班主任思维、培养班主任的创新能力和迁移能力，使班主任成为主动的思考者，而非固定知识的接受者。同时，“结构不良问题”情境能发挥试金石的作用，让班主任当下的专业水平、未来的发展潜力和需要提升的素养显性化。

四是包含“正确经验”。在工作中，班主任会有一些违背教育规律但觉得正确且实用性很强的“正确经验”，这些经验对学生成长产生的危害极大但班主任却不知道。“正确经验”情境对于打破班主任原有的认知结构体系并使其重构对问题的认知具有非常强的作用。“正确经验”情境往往能“刺激”班主任的理论思维，改变班主任“教育理论无用”的认知，促使班主任自觉把教育理论与教育实践结合起来。为此，研修团队要细致观察、深度总结班主任的工作实践，收集这类事件，并通过一定的逻辑体系将其镶嵌到问题情境中。如在实践中，低年级班主任往往希望学生的行为习惯整齐划一，如果有个别学生的行为不符合标准，就会认为其是问题学生，甚至希望心理医生介入干预。那么，研修团队就可以把此现象转化为研修情境，使研修发挥诊断、纠偏、提升的作用。

五是包含“知识和价值”。班主任作为需要具备专业知识与专业技能的专业人员，必定需要掌握相关的知识体系，理解知识背后的价值。班主任要进行班级管理，需要掌握班规制定与实施、学生管理与教育、班干部培养、学生自治组织建设等知识体系；班主任要进行班级建设，需要掌握班级规划、学生价值观教育、班级活动开展等知识体系；班主任要进行个别学生教育，需要掌握学业指导、习惯培养、心理健康辅导、人生规划辅导等知识体系；班主任要与家长沟通，需要掌握家校育人的相对边界、沟通的技巧、学生观等知识体系。在情境式研修中，可以从两个维度上设计包含“知识和价值”的情境。其一是基于单一专题的纵向体系，即围绕单一维度，挖掘单一维度中的多重要素设计情境，重在让班主任就某一专题进行深度研修，比如，围绕“班主任组织学生开展志愿服务，学生对此有不同认识”设计研修情境，就可以把“学业观”与“志愿观”“有价值”与“无价值”“妥协者”与“行动者”等价值知识体系呈现出来，使班主任在情境中深度理解“如何开展价值观教育”的知识。其二是基于多个专题的横向体系，即把多个专题内容融合在情境中，比如，以学生学习为核心，把家长教育观、亲子关系、学生自我建构、学生自主能力等通过情境进行整合。班主任需要在多个主题的情境中厘清这些主题之间的关系，并且要了解这些专题相关的知识，才能很好地解决问题。在情境式研修中，情境可以围绕班主任核心素养进行不同的组合，不同的组合给班主任提供了丰富的成长空间。笔者以如下问题情境进行分析。

问题情境示例

为了更好地规范学生行为，班主任与班干部商议后在班级实施了严格的量化管理，提出凡是累计扣分达到一定标准的学生就要购买奖品，用于奖励量化评比优秀的学生。家长对此提出质疑。假如你是班主任，你会怎么办?

这是实践中个别班主任的班级管理策略，是“相关”情境；这个情境涉及班主任进行班级管理的核心素养，是“关键”情境；在实施量化评比中，规范学生行为、与班干部民主协商、实施严格的量化管理、购买奖品、奖励量化评比优秀的学生等都给班主任认识量化管理的本质提供了反思和对话空间，是“结构不良问题”情境；情境中呈现的做法在实践中是存在的，是部分班主任“正确经验”的情境，能给予班主任认知的冲击，以这个“正确经验”的情境为载体，不仅可以改变班主任对这个事件的认知，还可以引发班主任思考更多类似的“正确经验”的事件；此情境能让班主任掌握量化管理的一些知识和量化管理背后的价值，是包含“知识和价值”的情境。

三、问题情境有哪些类型

基于问题情境开展研修的目的是在解决班主任实际困惑的同时提升班主任的专业素养，因此，问题情境一定来源于班主任的实际生活。为了发挥系统研修提升班主任核心素养的作用，研修团队可以围绕问题情境进行专题设计。研修团队可以依据班主任面对的核心对象（班级、学生、家长）划分“大单元”来遴选事件（见图3–1）。

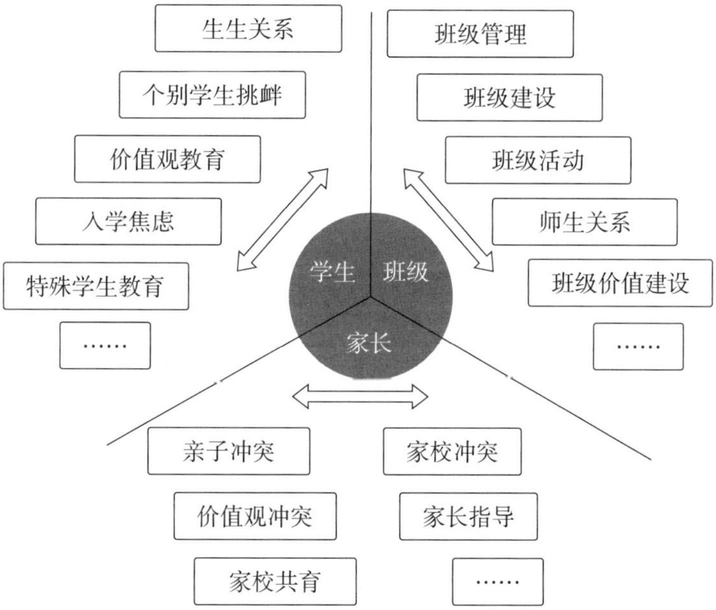

图3–1　问题情境来源

在每个“大单元”下进行内容分解，采取各种排列组合进行情境的设计。如围绕“班级”，可以划分出班级管理、班级建设、班级活动、师生关系、班级价值建设等“小单元”，“小单元”又可以进一步细化，如“班级管理”又可以细化为班规内容的制定与学生差异性、班规实施的公平性与差异性、班级积分与学生发展、班级奖励制度、班级惩戒制度等；围绕“学生”，可以划分出生生关系、个别学生挑衅、价值观教育、入学焦虑、特殊学生教育等“小单元”，“小单元”又可以进一步细化，如“特殊学生教育”又可以进一步细化为随班就读学生教育、学业困难学生教育、品行差的学生教育等；围绕“家长”，可以划分出亲子冲突、价值观冲突、家校共育、家校冲突、家长指导等“小单元”，“小单元”又可以进一步细化，如“家长指导”又可以进一步细化为单亲家长指导、隔辈家长指导、多子女家长指导等。“小单元”可以相互交叉与整合，从而演绎出更加丰富的问题情境。在设计问题情境时，尤其要关注新时期班主任带班的新困惑等。问题情境的来源既可以参考他人已有的成型情境，也可以从自己的班主任团队中征集。下面对“班级管理”小单元的问题情境进行分析。

主题1：代理班主任制度

问题情境

初一班主任赵老师与学生共同制定了代理班主任制度，设计了详细的一日常规评比表，基准分为100分，有详细的加分项和扣分项。全班每个学生按照学号轮流当代理班主任，一人一天，记录当天的班级违规项目，并负责一日常规评比表的填写，第二天早上利用5分钟晨检时间汇报前一天的情况。可是，如此操作后，赵老师却发现有的学生态度不够端正，有徇私舞弊、互相包庇甚至拉帮结派的行为，预想的代理班主任制度的效果没有实现。假如你是赵老师，你会怎么办?

分析

以上问题情境的核心是代理班主任制度，包含班主任设置制度的目的和如何发挥制度的育人价值的问题。在讨论实施制度过程时，又包含了以下问题：学生民主权力与民主能力的问题，即班主任给予了学生民主参与班级治理的权利，但学生是否具备相关能力，班主任是否对学生进行前期培训的问题；“记录当天的班级违规项目”举措传递的理念和制度能否有效落实的问题。在班级管理中，细节决定成败，“记录当天的班级违规项目”导致出现学生徇私舞弊、互相包庇甚至拉帮结派的现象，说明班级管理与班风建设息息相关。

主题2：小组评比

问题情境

班主任刚接手四年级某班时，班里以小组为单位进行评比。小李考试三门课程都不合格，纪律性差，几乎每节课后都有老师来告状，同学也烦他。他总是把招惹他人当作取乐的手段，跟同学打闹、说脏话，还经常因为各种问题被扣分，所以，分小组时，大家都不愿意跟他一组。家长知道后，与班主任理论，认为这是对孩子的歧视，严重伤害了孩子的心灵。假如你是班主任，你会怎么办?

分析

以上问题情境的核心是小组评比，小组评比是教师在班级管理过程中运用非常普遍的一种举措，然而，小组评比实施过程中不科学、伪教育的行为会引发一系列问题，如小组评价方法与激励每个学生成长之间的冲突、小组评比与学生自信培养之间的冲突、小组评比与学生被歧视之间的冲突、小组评比与家长之间的冲突等。在此问题情境中，小组评比引发的一系列问题启发班主任对班级管理制度的本质进行思考，激发班主任思考如何正确发挥小组评比的育人价值，实现管理育人的目的。

主题3：民主制度和学生惩戒

问题情境

学生小丁和同年级其他班一个同学打架，班主任组织全班学生对如何处理小丁打架问题进行投票。投票之前，班主任让小丁先回避，然后让全班学生就小丁严重违反班纪班规的现象做了一个测评。测评是道选择题：是让小丁继续留下来给她一次改正错误的机会，还是让家长将其带走家庭教育一周？结果26个学生选择让她回家接受家庭教育一周，12个学生选择再给她一次机会。知道结果后的小丁非常愤怒，认为班主任带头欺凌自己。假如你是班主任，你会怎么办？

分析

以上问题情境的核心是民主制度和学生惩戒。在这个情境中，采用投票的方式决定惩戒学生的措施。学生的投票结果、小丁对班主任的控诉都是值得班主任思考的地方。有的班主任认为，采用民主的方式解决问题，程序上是没有问题的，况且采用了“少数服从多数”的民主原则。那么，看似“民主”的方法是否适用于学生教育？当班级约三分之二的学生不接纳犯错误的同伴时，又反映出了什么问题？对于班风建设和学生价值观教育而言，这样的现象是好事还是坏事？这些都是值得班主任深思的问题。借助问题情境，可以进一步引导班主任思考何为民主制度的问题、民主性与教育性的问题、程序正确性与教育性的问题、教师角色是支持者还是评判者的问题、学生的选择影射出的集体情感冷漠的问题、班级管理与班级情感的问题等。

主题4：班规和学生惩戒

问题情境

二年级学生小甲从小父母就不在身边，由爷爷奶奶照顾长大。爷爷奶奶心疼小甲，所以对小甲非常溺爱，不允许小甲受到任何委屈，并且总担心小甲因为父母不在身边而受同学欺负。一次，小甲在课堂上连续被老师点名批评3次，按照班级公约应该抄写班规10遍。小甲奶奶知道后，不但阻止小甲抄写，还找班主任理论，认为大家欺负小甲，且说“抄写就是体罚”。假如你是班主任，你会怎么办？

分析

以上问题情境的核心是班规和学生惩戒。在这个情境中，惩戒内容“抄写班规10遍”的合理性问题、对小甲惩戒的合理性问题、对特殊家庭成长的小甲的特殊关注问题、奶奶不认同班主任管理理念的问题等都值得班主任深入讨论与思考，能考察班主任如何理解班级管理的本质。

主题5：对学生违规行为的管理和学生惩戒

问题情境

某班学生不喜欢做广播操，做操时总是东倒西歪，无论班主任怎么讲，总有几个学生不以为然，因此，班主任新增了一条规矩：谁不好好做操，就把谁的动作录成视频在班级展示。有一次，班主任看到某学生不好好做操，就拿出手机对着那个学生录像，结果那个学生情绪很激动，说班主任侵犯了自己的隐私。假如你是班主任，你会怎么办？

分析

以上问题情境的核心是对学生违规行为的管理和学生惩戒，即面对学生不符合班规的行为，班主任应该进行怎样的管理的问题，是加大惩戒力度还是有其他更好的方法的问题，单靠强制手段是否能够实现培养学生规范的目标的问题。通过问题情境，引导班主任思考能否用强制的方式解决学生的非标准化行为的问题、班主任管理行为遇到个别学生挑衅的问题、班级管理与学生个人隐私的问题、制度实施与师生关系维护的问题、班级管理与班级文化之间的关系问题等。

主题6：学生早恋

问题情境

进入高三，小乙和小丙开始在同学面前公开他们的恋情，经常坐在一起讨论学习，课余一起吃饭、活动，其他同学还纷纷送上祝福，小乙和小丙更是觉得理所当然。班主任认为，小乙和小丙严重影响了班风，但小乙和小丙却以他们的成绩一直处于上升趋势来反驳班主任。假如你是班主任，你会怎么办？

分析

以上问题情境的核心是学生早恋。在问题情境中，“其他同学还纷纷送上祝福”“成绩一直处于上升趋势”反映出学生对异性交往持有的价值观与班主任的价值期待是有冲突的，班主任工作的核心是面对和解决此价值冲突。通过问题情境，引导班主任思考如何理解和应对学生早恋的问题、如何对学生开展青春期教育的问题、班风建设与学生青春期教育的问题等。在班级管理中，班主任面临的任务之一就是对学生开展思想引导，学生只有建立了正确的价值观，才能表现出积极的行为。

主题7：手机管理

问题情境

初二某班班主任与学生共同制定了班规——一般情况下不要带手机到校，如果需要携带手机，进入教室后要将其放到教室手机保管处，否则没收处理。一天，班主任发现小明课间用手机看视频，于是没收了手机。可是，小明却把手机偷偷从老师办公室拿走，并说："手机是私人物品，不能被收走。"假如你是班主任，你会怎么办？

分析

以上问题情境的核心是手机管理。学生手机管理是新时代出现的新问题，虽然《教育部办公厅关于加强中小学生手机管理工作的通知》规定"学校应当告知学生和家长，原则上不得将个人手机带入校园。学生确有将手机带入校园需求的，须经学生家长同意、书面提出申请，进校后应将手机交由学校统一保管，禁止带入课堂"，但学生带手机入校并偷偷带进课堂的现象时有发生，所以学生手机管理就是班主任必须面对的问题。同时，学生使用手机的规则意识的培养和班主任对学生手机管理的方法，也考验着班主任的管理理念。通过此问题情境，引导班主任思考没收手机的问题、共同制定班规与班规合理性的问题、学生违规后如何按照班规行事的问题、强制管理与柔性管理的问题等。

主题8：个别学生行为管理

问题情境

小甲学习上缺乏主动性和自我约束能力，在与同学交往时经常说脏话和发生冲突，尤其是与小乙积怨已久。班主任面对这种情况，以口头教育为主，也与小甲的家长进行了沟通，但家长表示小甲在家很听话，除学习不努力外没有其他问题。小甲与小乙在学校又一次发生争执之后，小甲的家长找到学校，质疑教师不作为，放任自己的孩子被人欺负。假如你是班主任，你会怎么办？

分析

以上问题情境的核心是个别学生行为管理，即面对经常说脏话、与同学发生冲突的学生该怎么管理和如何走进这类学生内心世界的问题。为什么家长对小甲的认知与班主任对小甲的认知有差异？是什么原因导致家长在教育小甲的问题上站在班主任的对立面？这些问题值得班主任深思。另外，通过问题情境，还可以引导班主任思考班风整体建设问题、家校协同育人问题、个别学生学习动机激发问题、学生交往问题等。

主题9：班级管理理念与管理方式

问题情境

张老师所带班级的考试成绩总是名列前茅，但最近他却接到很多学生对他的“投诉”，学生表示：张老师管得太严，学生完全没有自由；课间自由活动时间，张老师总是让大家用来学习；张老师不鼓励甚至干涉学生参加社团，让学生把精力和时间集中到学习上。学生认为，班级氛围太“卷”，学习压力太大。假如你是张老师，你会怎么办？

分析

以上问题情境的核心是班级管理理念与管理方式。学生对张老师的“投诉点”中隐含着班主任的育人理念。“学生完全没有自由”“自由活动时间……让大家用来学习”“不鼓励……参加社团”都引导班主任思考“学生成长”的内涵。通过此问题情境，引导班主任思考班主任在学生成长中的角色问题、学习与成长之间的关系问题、行为管理与思想自由的问题、班级管理方式与班风建设的问题等。

以上问题情境把“班级管理”进行了细化和深化，使班主任能借助鲜活的问题情境进入“班级管理”的内部，使宏大的主题具象化。借助问题情境，班主任可以从不同的“支线”理解班级管理的本质。

四、如何基于问题情境开展研修

情境式研修是借助情境呈现班主任核心素养，并将其与班主任个体经验进行关联的综合性学习方式。由事件组成的情境，要求班主任在分析情境的基础上，给出“怎么办”的解决策略。情境中蕴含的现象、现象背后的价值、事件背后的本质、“怎么办”背后的策略，以及策略中又蕴含的现象、价值和本质，为班主任调动已有能力与需要提升的能力提供一个支架式的“真实”场域（见图3-2）。《学习罗盘2030》提出，能力由知识、技能、态度与价值观组成。班主任正是在分析问题情境的场域中，运用已有知识、技能、思想、价值等，培植多元素养，提升核心能力。

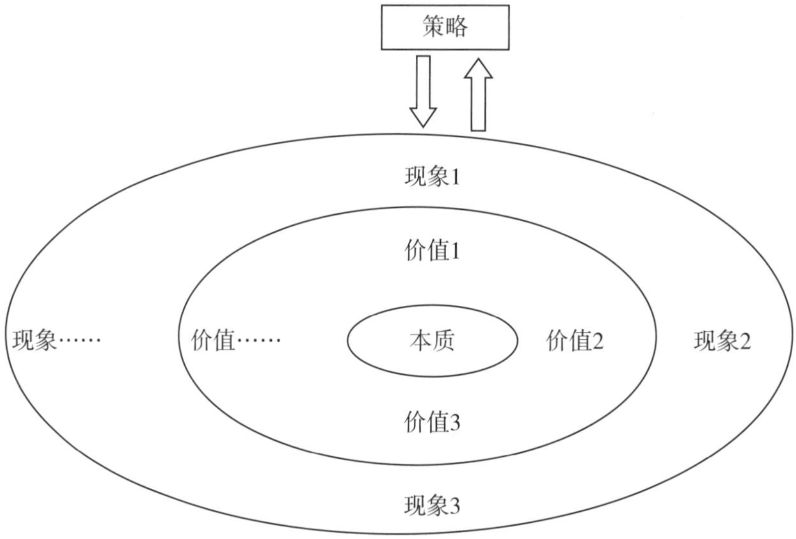

图3-2 情境式研修促进班主任成长的内在机制

（一）分析问题呈现的现象

班主任工作由一系列事件组成，每个事件又由一系列现象组成，因此，在每天的工作中，班主任直接面对的都是现象。班主任能否全面地看到现象、厘清现象之间的关系、抓住关键现象决定着班主任育人水平的高低。在情境式研修中，每个情境都是由系列现象组成的，班主任直接看到的也是现象。情境式研修中的情境在呈现现象时，与真实的实践一样，不会把现象之间的逻辑关系清晰地表达出来，而仅仅是客观地描述现象，现象之间的逻辑关系需要班主任进行分析。

问题情境示例

七年级学生小黄入学成绩优异，一段时间后，班主任发现他的成绩下降了。班主任了解到，家长觉得他就读的学校一般，设法找到“名校”练习题让他刷题。小黄对家长产生了很大的逆反心理，也对自己的人生价值产生了怀疑。假如你是班主任，你会怎么办？

这个情境呈现了成绩下降、普通校、刷题、逆反、目标迷茫等现象。首先，班主任要能全面地看到这些现象。其次，班主任要能认识到这些现象之间是相互勾连的，没有哪一个现象能够成为一个“孤岛”，而且显性现象背后还会隐藏着隐性现象，如学生成绩下降的真正原因。班主任要能把这些现象从情境中剥离出来，让关键现象从情境中凸显。对诸多现象的分析，不仅能够锻炼班主任的思维能力，而且能够培养班主任抓住关键现象及本质的能力。再次，班主任要尝试寻找这些现象之间的逻辑“地图”，厘清“可能的起点”“过程中的关键节点”“可能的终点”，厘清这些现象之间的主与次、因与果、紧急与不紧急、本质与非本质等逻辑关系。班主任分析的逻辑“地图”会因人而异，没有绝对的正确与错误之分，但有关键与不关键、深刻与不深刻、独特与不独特、创新与不创新之分，能反映出班主任的专业水平和专业能力。在情境中，如果班主任看到“学生对人生价值产生怀疑”在各种现象中的关键作用，把其他问题的解决落在激发学生自主成长上，则更能从本质上解决问题。

（二）分析现象背后的价值

情境由现象组成，每个现象的背后一定有价值支撑，都有“这个现象背后的价值假设是什么”“这些现象之间有怎样的价值关联”的价值论和方法论的追问，最终回到“为什么要做这件事情”的价值追问上，如学习的价值是什么，人生的价值是什么，好行为的价值是什么……能否厘清每个现象背后的本体价值、价值之间的逻辑关系、价值的最终旨向，都考察着班主任对问题认识的深刻性。

价值反映的是主体与客体之间的关系，当主体认为客体体现了自己的意志、与自己的主观意愿相匹配时，主体就会认为其有价值，否则就是无价值。在问题情境中，班主任也面临着价值选择，即在判断情境中的诸多现象时，班主任会从中做出选择，厘清哪些事件能够对结果走向做出贡献、哪些事件的解决对于自己解决问题最有价值。价值选择空间给班主任提供了成长点。价值选择考察了班主任的独立思考能力、自主判断能力、逻辑思维能力等。班主任在思考和解决情境中呈现的问题时，体现了其认识问题与解决问题的能力。

问题情境示例

在小组量化管理中，小甲为了避免被扣分，要求组长网开一面，遭到组长拒绝后，拉拢其他组员一起孤立组长。如果你是班主任，你会怎么办？

在这个情境中，“小组管理”“扣分”“组长与组员”“拉拢”“孤立”是现象，现象背后存在价值选择。“管理的价值追求是效率还是育人”“把行为进行分数量化是否把人工具化”“组长与组员角色冲突是否为权力不对等的体现”“拉拢同学孤立组长是否为工具化制度导致的结果”，这些价值之间还能进一步形成一张“价值网”。班主任能厘清“价值网”之间的逻辑关系，深刻把握每一个价值，就能促进自身专业素养的提升。

班主任能否认识到现象背后的价值、能否认识到哪些价值在“价值网”中发挥了关键性作用，都直接决定着班主任在解决此问题中的着力点是什么。如有的班主任认为组长的工作能力不足导致出现问题，就会把解决问题的着力点放在做组长的心理工作上，以便鼓励组长继续干好工作；有的班主任认为挑衅组长的学生是关键，就会把解决问题的着力点放在批评教育某学生上，以便让某学生做出改变；有的班主任认为学生对小组制度的内涵理解错误是关键，就会把解决问题的着力点放在量化管理的合理性和价值性上，带领学生进行班级管理方式的变革；有的班主任认为班风不正影响班级管理是关键，就会把解决问题的着力点放在小团体建设上，避免小团体对班风的影响。

“在场”的现象与“不在场”的价值共同推动了事件的走向。首先，班主任能对现象背后的本体价值有正确的认识；其次，班主任能从众多的价值体系中找到决定事件走向的核心价值。如在上面的众多价值体系中，对小组制度的本体认识才是关键，小组制度是否体现出其内含的公正、互助、支持、民主等价值，间接导致了其他系列问题的发生。

（三）分析问题体现的本质

“在教学现象学看来，教师专业本质上是教师在与儿童相处时所显示出来的教育智慧，教师专业成长是教师在与儿童相处中形成教育智慧的过程。教师只有回到生活世界，去追寻其与儿童相处的生活意义和教育意义，才有可能形成教育智慧。”[①]班主任研修的目的是育人，是培育学生的主体性人格，促进学生德智体美劳全面发展。不管是提高班主任解决问题的能力还是提高班主任认识问题的能力，其目的都是使班主任有更专业的能力服务学生。因此，不管情境的内容是什么，班主

① 何菊玲. 教师专业成长的现象学旨趣［J］. 教育研究，2010（11）：88-94.

任要基于情境解决什么问题，情境式研修的指向是引领班主任寻求教育的本质，构建科学的学生观、教师观、教育观等。

现象和价值的背后是本质，本质寓意规律的追寻。情境中的现象、现象与现象之间的勾连和走向，背后都蕴含着对事件中的人物主体是遵循还是违背了相应的规律的判断，即对事件背后本质的追求。

在前面的案例中，“小黄刷题”的背后虽然有“家校分工”“亲子关系”“家长对学校的信任”等现象和价值“支线”，但情境最核心的目的是引导班主任思考“学生作为主体”的本质；“组长与组员之间的冲突”的背后虽然有“小组评分”“人际冲突”“欺凌”“班风”等现象和价值“支线”，但情境最核心的是引导班主任思考“管理育人”的本质。思考清楚现象和价值“支线”背后蕴藏的本质，班主任就能很好地处理由于违背本质而引发的种种问题。随着班主任对“是什么”的本体论追求，班主任的思维不断变得深刻，思考问题也越来越有深度。

情境式研修的最终目的是让班主任借助情境中的具体事件，通过对现象的分析和现象背后价值的思考，促进对“何为立德树人”这个深层次本质内容的理解。在问题情境中，虽然现象的多样性、分析视角的多面性、解决路径的多元性给班主任参与研修提供了开放空间，但不把握本质的分析始终是一叶障目、浮于表面，抓不住问题的根本。为此，在研修中，引导班主任看到问题的本质，一定程度上决定了班主任的成长空间。

（四）分析针对问题的策略

每个情境都要求班主任在分析“是什么”“为什么”的基础上给出“怎么办”的策略，这不仅需要班主任作为“局外人”，去分析与评判情境中的现象、所考察的教育价值观和问题本质，而且要求班主任把自己还原为情境中人，在分析情境中的现象、价值和本质的基础上给出最佳的解决策略，同时，还可以借助研修团队的智慧，统整自己的“过去”、研修中的“未来”与回答问题中的“当下”，进而不断优化教育策略。在班主任给出策略后，从事实层面分析策略是否符合现象、是否有创意、是否成体系，三个“是否”体现出的层次性可以帮助判断和有助于提升班主任解决问题的水平；从价值层面分析策略背后的价值是否正确、是否恰当、是否独特，三个“是否”体现出的层次性可以帮助判断和有助于提升班主任的理性认知水平；从本质层面分析策略是否抓住了核心本质，一个“是否”可以帮助判断和有助于提升班主任透过现象抓住本质的能力；从方法层面分析策略是否科学、是否全面、是否系统，三个“是否”体现出的层次性可以帮助判断和有助于提升班主任思考与解决问题的方法论水平。

每位班主任对于班主任工作都有自己独特的认识，并逐步形成自己显性或隐性的教育思想，这种教育思想一定会贯穿在班主任解决问题的过程中。每个主题研修中的情境既是班主任思想的具体实践，又是班主任在多种观点中识别关键策略的载体。不同研修情境的积累，使班主任在分析和解决各种问题的过程中不断明晰思考和解决问题背后的内在意图，厘清自己的思想脉络，提高应对问题的灵活性，形成自己解决问题的风格。

（五）提升自身素养的支持

情境为班主任提供了专业提升的契机，引导班主任通过分析现象、分析价值、分析本质的“剥洋葱”的思维方式来提升各种能力。但情境中预设的班主任成长的“留白”能否发挥其价值，还需要一些外在条件。

第一，丰富知识体系。班主任解决问题的专业性体现在其是接受过系统专业培训的专业人员。在面对问题情境时，班主任只有调动相关的知识体系才能使问题解决更具专业性。情境学习理论认为，真正的、完整的知识是在真实的学习情境中获得的，知识只有通过使用才能完全被理解。①不管是就职前还是就职后所学的知识及其形成的知识体系，都是静态的，也是单学科的，呈现单结构状态，班主任很难将知识融会贯通。情境作为触发班主任知识体系的点，给班主任提供了运用知识体系动态解决问题的关键。情境不仅激发了班主任头脑中的知识体系，而且在解决实际问题的过程中，还促使班主任将知识进一步活化，运用理解、应用、创新等高阶思维。班主任虽然需要借助经验来学习，但缺乏知识体系支撑的经验将会使班主任停留在“实践经历”上，很难在经验中理解、消化、建构抽象的教育知识体系，进而形成自身独特的话语体系。如果班主任有相应的知识体系作为基础条件，然后再进行实践，将有可能把知识、技能、情感、价值观很好地融为一体。在情境式研修中，笔者也发现，学历较高的班主任对问题有较深刻的认识，能运用相关理论体系

① 崔允漷，王中男. 学习如何发生：情境学习理论的诠释［J］. 教育科学研究，2012（7）：28-32.

解决问题。为此，班主任不断学习相关教育理论，可以有效促进其成长。

第二，丰富实践经验。班主任能否针对教育情境中的复杂问题给予恰当的回答，也基于班主任的实践经验。对于从未遇见或从未经历过的情境，班主任很难给出具体化、可操作性强的解决策略。班主任的实践经验越丰富，面对情境就越能调动已有的可操作性强的经验。丰富的实践经验不仅能为班主任提供多元化的策略，而且能提高班主任对此问题的认知水平。教育情境是复杂的，即使是面对同样的问题，如学生不交作业，也会因为学生的具体实际、具体情境而生成不同的应对策略，而这些不同的应对策略就会进一步加深班主任对此问题的认知。为此，班主任对一个问题的应对举措不能凭空想象，而要基于原有的实践经验、基于当下的情境进而重新加工原有经验体系和认知体系来形成新的解决思路。在情境式研修中，笔者也发现，没有实践经验或者实践经验较少的班主任很难抓住核心事件且很难给出可操作性强的举措。缺少经验的班主任能说出一些理论知识，却很难把理论知识与实践经验灵活结合起来，“知识是知识，实践是实践”，“两张皮”现象（同一事结果存在两种表象或表现）比较严重。借助情境式研修，班主任原有的抽象的知识体系转化为理论与实践相结合的知识体系。

第三，提升思维品质。对于同样的知识体系，不同班主任对其的领悟往往不同，即便是同样的领悟，班主任在实践中的运用也不同。如面对“规则一视同仁，有错必罚”的观点，有的班主任认为这是“公平教育”，有的班主任却认为这不是“公平”，更不是“教育”。理论知识体系在实践中变得扑朔迷离，这与班主任的思维方式有密切关系。情境式研修提供了考验班主任思维深刻性的契机。如面对认真“执法”的组长被组员孤立的事件，有的班主任能认识到“小组制”出现了问题，有的班主任却只能认识到学生之间的人际关系问题，这就是对问题深刻性理解的差异。实践中的真实问题都不只有一个方法或者路径解决，往往“条条大路通罗马”，因此，要解决实践中的真实问题就要激活班主任的思维体系，促进班主任深刻、独特、创新地解决问题。有的班主任能分析到本质性问题，有的班主任只停留在表象；有的班主任能融会贯通去分析问题，有的班主任只能点对点分析问题。所以，情境式研修中班主任成长速度的快慢，与其思维品质有极大关系。

第四，树立教育信念。教育性、价值性、美好性是班主任应该坚持的信念。班主任应该相信教育是美好的，应该给予学生支持性行为，应该做出善意的教育行为、传递积极价值和积极情感。笔者相信任何一位班主任都能认可上面的观点，并尽力做到。但教育是复杂的，在情境式研修中，笔者发现，面对具体情境，班主任在解决问题的过程中会表现出不同的思考问题的逻辑。其逻辑背后也体现出班主任在解决问题的指向上存在差异，主要表现在以下方面：一是避险的指向，即解决问题首要考虑避免给自己和学校添麻烦，把去除风险作为首要价值取向；二是效率的指向，即着急解决“眼前”的事情，有“快刀斩乱麻”的倾向，就事论事，而不思考导致眼前事情发生的原因是什么，致使看似高效的处理背后其实隐藏着很多“雷区”；三是标准程序的指向，即班主任在班级中建立了诸多标准，有好坏标准、有积分标准、有奖惩标准，标准能推动班主任工作的程序化，但无意中却使班主任工作“标准化”，班主任在解决问题时用“标准”“程序”作为衡量学生的尺子，而忽视了学生的主体性；四是教育的指向，即班主任在解决问题时，始终把学生成长放在首位，把学生利益作为解决问题时考虑的首要标准。在情境式研修中，班主任是否有正确的教育信念，也对其专业成长程度有极大的影响。

第五，创设对话环境。班主任建构知识的路径包括个人建构路径和社会建构路径，前者是在自主学习、自主思考中建构知识，后者是在协同学习、与他人积极互动中建构知识。情境式研修为班主任提供了再思考和再建构的空间，每位班主任既是独立、核心、主体参与者，也是研修共同体的建构者和维护者，“个体通过将共同体的实践个人化而转变着和维持着共同体，而共同体通过提供个人化的机会和最终促成文化适应的途径来转变和维持个体”①。在情境式研修中，每位班主任需要作为主体参与者积极思考与分享，同时，也需要作为“边缘参与者”②，通过观察、对话等向他人学习。研修团队可以组织年龄段不同、专业水平不同、带班风格不同的班主任和专家参加研修，班主任在经历分享、比较、对话、协商的过程中，对原有认知进行补充、修正或重构，实现“1+1>2”的效果。对于同一个问题，不同的人分析的切入点、对其理解的站位、背后的教育理念等都是有差异的，这些观点的碰撞一定能促使班主任对多学科知识的综合运用、对多视角解决问题路径的借鉴、对思维深刻性的拓展学习更进一步。

情境式研修依托情境使班主任的身心“在场”，“处境性的身体通过感受外在

---

① 乔纳森. 学习环境的理论基础［M］. 上海：华东师范大学出版社，2002：36.

② 高文. 情境学习与情境认知［J］. 教育发展研究，2001（8）：30–35.

世界，置身现场，才能与学习环境交互生成属于自己的教育认知”[①]。以上5项条件在班主任身上交融得越多，班主任越能得到更大的发展。情境本身是集现象与本质、事实与逻辑、理念与策略等为一体的，情境式研修的包容性、综合性也必然需要班主任知与行、理念与策略、知识与价值等身心多要素的参与，以此来提升班主任的综合能力。

五、案例分析

在本部分，笔者将以实际情境为载体，呈现班主任的关注点和给出的策略，分析背后体现的班主任核心素养。在以问题情境为载体开展研修的过程中，笔者发现，针对同样的问题情境，不同的班主任分析问题的视角有很大的差异，有的视角属于“平行视角”，即视角反映出的班主任专业水平不分上下，属于分析问题的角度不同；有的视角属于“上下视角”，即视角反映出的班主任专业水平有明显差异，有的视角只看见“片面”“现象”，有的视角能看见“全部”“本质”。

大宝的成长

问题情境： 小美是小学三年级的学生，平时学习认真，在校表现优秀。可是，近一个月来，她的成绩突然下滑，性格变得内向，情绪消极。班主任了解到是因为妈妈又生了一个弟弟，虽然妈妈自知这段时间对小美的照顾不足，但也没有办法。一天放学时，突然下起了大雨，小美妈妈没有及时来接小美，小美就赌气冒雨回家，结果母女俩大吵一架，小美妈妈只能打电话向班主任寻求帮助。假如你是班主任，你会怎么办?

关注点1： 父母对大宝（小美）的关注。班主任从情境“成绩突然下滑，性格变得内向，情绪消极”“赌气冒雨回家”，看到了小美因为妈妈对弟弟的关注而感到被忽视的现象。因此，班主任把解决问题的重点落在此处，给出以下对策：第一，开展亲子活动。让小美表达对父母的想法，让父母了解自己的关注需求。第二，开展小美吐槽活动。让小美说出弟弟的出生给自己

① 毕亚莉，张永飞．教师专业学习的身体性路径研究［J］．当代教育科学，2019（3）：47-51.

带来的成长困惑，在帮助小美排解不良情绪的同时，也做好对小美的引导，让小美感受弟弟的出生给家庭带来的快乐。第三，举行二宝家长沙龙。班主任和家长共同组成“家有两宝”后援团，通过举行“家有两宝幸福多”主题沙龙，引导二孩父母提出困惑并共商对策，让班级成为家长交流想法的平台，与家长探讨有效的教育方法。

关注点2：大宝（小美）的教育与引导。班主任从情境“虽然妈妈自知这段时间对小美的照顾不足，但也没有办法”“小美妈妈没有及时来接小美”“母女俩大吵一架”看到了妈妈也需要被关爱、小美也需要体谅妈妈的辛苦的现象。因此，班主任给出以下对策：第一，让班里有弟弟妹妹的学生记录妈妈的一日生活，感受妈妈的辛劳。第二，让学生分享家有哥哥姐姐或弟弟妹妹的快乐时光，感受家庭的温暖，尤其要体会付出爱和得到爱的积极情感。第三，在班里开展情景剧表演，让学生站在妈妈的角度体会妈妈的辛劳，从而学会理解妈妈。借助此情境，对学生开展“心中有他人”“站在他人角度考虑问题”的教育。

关注点3：共情与沟通。在情境中，班主任不仅看到了小美的委屈，也看到了妈妈的不易。班主任认为，在独生子女政策向多子女政策过渡的阶段，在父母面临工作和生活的双重压力下，培养父母与子女的共情能力、沟通能力是最为重要的。站在学生未来成长的角度上考虑，共情与沟通能力也是学生必备的素养。为此，班主任给出以下对策：第一，召开系列班会，通过情景剧演绎，让学生在演绎父母的角色中体会父母的艰辛，学会站在他人的角度考虑问题；通过“孩子向妈妈的倾诉”“孩子的心声我来演”等活动，让父母站在孩子的角度来考虑孩子的感受，引导孩子和父母之间共情。第二，在班级开展“学习共情技能”的系列活动，提高学生觉察别人感受的能力、表达感受的能力、调整和改变自己情绪的能力等。第三，在班级开展“学习沟通技巧”的系列活动，让学生学会表达自己的观点和感受、学会站在他人的角度表达观点、学会用别人能够接受的角度和语言进行表达等。

◆ 分析

在此问题情境中，首先，班主任要看到小美和小美妈妈表现出来的行为，忽视任何一方都会导致分析问题的片面性；其次，班主任要认识到小美行为背后涉及小美感到被忽视、小美需要习得共情和沟通能力等问题，妈妈行为表现的背后涉及如何与孩子沟通、如何关注孩子心理、如何教会孩子共情等问题；最后，班主任要认识到问题的核心是要引导小美和妈妈，尤其是小美，引导她们学会共情与沟通，把共情与沟通作为班级培育学生的要点。班主任厘清以上现象和现象背后的原因，分析清楚问题的本质，就能给出恰当的策略。

量化管理

问题情境：四年级班主任韩老师在班里推行小组量化管理，让组长根据组内同学表现进行打分。丽丽因为经常违纪总被扣分，想请组长小磊对她网开一面，小磊坚持原则，拒绝了丽丽的请求。丽丽因此与小磊结怨，时常在背后说小磊的坏话，并通过送礼物的方式拉拢其他组员一起孤立小磊。小磊找到班主任韩老师，表示自己不想当组长了。如果你是韩老师，你会怎么办？

关注点1：小磊。有的班主任认为，小磊坚持原则，值得被肯定，但小磊与丽丽之间的矛盾也说明小磊的领导能力需要进一步提高。为此，班主任采取以下举措：第一，肯定小磊的公正无私，同时引导小磊分析自己在处理同学关系中存在的问题和需要提升的能力。第二，组织班干部领导力培训课程，提升班长、组长等班干部的领导能力和服务意识与技能。

关注点2：丽丽。有的班主任认为，问题的关键点在于丽丽，丽丽不仅自身存在一些不好的行为，还不服从管理，甚至严重影响班级氛围。为此，班主任采取以下举措：第一，找丽丽谈话，让丽丽认识到自己的问题。第二，为丽丽寻找帮手，让丽丽在他人的帮助下习得好的行为。第三，缓解丽丽与小磊之间的关系，让双方进行角色互换，说出心声，进而达到互相理解的目的。

关注点3：旁观者。有的班主任看到旁观者在此情境中发挥的消极作用。为此，班主任应该先了解这部分学生的想法，如了解他们是如何看待丽丽和小磊的行为的，同时，通过提问等方式引发全体学生思考。

关注点4：小组制。有的班主任认为，不应该从单方面打分，而要综合打分，才能激发每个学生的潜能，让学生看到自己的优点和短板。有的班主任认为，不应该把对组员评估的压力全部放在组长身上，这对于小学生而言，本身就是“残酷”的。针对小组制如何实施、小组长如何应对问题、小组长如何寻求帮助，班主任都应该建立相应的机制。有的班主任认为，情境中出现的问题不是由丽丽或者小磊导致的，而是由不科学的小组制导致的，因此，班主任应该重新思考小组制的价值和探索更能促进学生成长的小组制。

◆ 分析

在此问题情境中，首先，班主任要看到丽丽、小磊和其他同学表现出来的行为。其次，班主任要能认识到这些人物表现出来的行为与小组制不科学的实施方法息息相关。丽丽之所以针对小磊，是因为小组评价对其不利，而小磊又掌握着“大权”；小磊之所以惹怒了丽丽，是因为小磊要严格执行制度。因此，要解决丽丽和小磊之间的矛盾，根本是要解决小组制引发的问题，引导学生厘清实施小组制等制度的目的和价值，把班级管理转化为学生成长的舞台。如果班主任没有看到“关注点4”，就会停留在其他3个关注点的表象上，“关注点4”更能让班主任认识到问题的本质，从根源上解决问题。最后，不管站在哪个关注点，给出的策略都是“正确的”，都能在一定程度上解决问题，但站在“关注点4”上提出的策略更能引发班主任对其他3个关注点的思考，给出的应对策略更能从根本上解决问题。

班级活动

问题情境：为了落实学校“树榜样、学榜样”主题教育精神，五年级班主任张老师在班级开展“我心中的榜样”主题活动。在活动过程中，张老师发现：一部分学生将科学家、英雄人物作为榜样，也有一部分学生将动漫和游戏中的虚拟人物、网络平台主播作为榜样，前者认为后者“堕落”，后者认为前者“虚伪”，双方各执一词、争执不下。假如你是张老师，你会怎么办？

关注点1：活动准备是否充分。有的班主任从“如何避免问题发生”的角度来思考，认为班主任借助榜样示范作用来引导学生的想法很好，但缺少了相关的活动准备。一是在活动开展过程中，对于学生会出现的问题缺少预设。二是在活动开展前，没有帮助学生明确榜样精神到底是什么，致使学生没有建立统一的认识基础。三是没有创设包容的班级氛围，导致问题发酵，引发了同学之间的矛盾。为此，应在活动开展前进行充分准备。

关注点2：围绕“何为榜样”进行价值引导。针对学生之间的争论，有的班主任认为核心是学生对“何为榜样”的争论。为此，班主任采取以下举措：通过开展班级畅聊活动，让学生在讨论中明确榜样作用不应体现在人的外表上，而应体现在人获得的成就和优秀的品格上，引导学生从对国家和社会有用的视角建构正确的榜样观。有的班主任认为，班主任要倾听学生的声音，允许学生阐述以哪些虚拟人物或者网络平台主播为榜样，为何以他们为榜样。在讨论中，学生也会发现不同观点之间其实也有对榜样的共识。

关注点3：学生自我同一性建构的问题。有的班主任认为，情境中展示的问题，表面上是学生之间的矛盾，但实际上是学生成长过程中自我同一性建构的问题。学生从榜样身上寻找自己想成为的模样，模仿榜样的过程也促进了学生社会化，因此，不管学生持有哪种观点，都不能给予简单的否定，而是借此载体帮助学生明确自身成长的方向。

◆ 分析

此问题情境的主题非常明确，即引导学生明确“何为榜样”“应树立怎样的榜样”。首先，班主任要认识到“寻求榜样”是学生自我建构和社会化的过程，学生出现困惑和争论是正常的事情，引导学生思考困惑、超越争论是价值观构建的关键环节。其次，班主任要认识到，帮助学生建构正确的价值观不同于知识的传递，价值观需要学生在理解的基础上发自内心认同。因此，理解非常关键。再次，班主任要认识到，价值观构建建立在实践的基础上，学生价值观的形成离不开其成长环境。正是由于学生生活环境的多元性、复杂性，才会出现问题情境中学生不同的观点。为此，班主任在开展“何为榜样”的引导时，要把学生的真实生活作为教育资源，让学生在辨别中形成正确的价值认知。班主任只有看到“关注点3”，把握价值观教育的内在规律，才能避免出现“武断”行为，如认为“将动漫和游戏中的虚拟人物、网络平台主播作为榜样”的学生价值观是不良的并想强行改变，忽视倾听与理解学生。

随班就读学生教育

问题情境：小凯是某学校一年级的随班就读学生，课上常常发出怪声，甚至会突然站立、摔东西，有时候课间与同学玩耍也控制不住自己的情绪，与同学发生冲突。考虑到小凯的特殊情况，班主任多次教育和引导其他同学尽可能理解、包容和帮助小凯，不要和小凯计较。可这种做法却遭到其他同学家长的一致反对，家长联名写信，要求将小凯调离班级。假如你是班主任，你会怎么办?

关注点1：理解家长，改变家长想法。班主任认为，家长有这样的想法是可以理解但不能支持的，因为每个孩子都有接受教育的权利。为此，最根本的任务是让家长理解和接纳小凯，具体采取以下举措：第一步，通过让家长看随班就读学生的视频，让家长了解随班就读学生的特点，认识到这些学生也有上学的权利和获得尊重的权利，让家长与随班就读学生形成情感共鸣。

第二步，组织学生观察小凯的优点，让学生回家与父母交流分享他的优点。第三步，班主任拍摄小凯在学校的日常生活，让家长既看到小凯的努力和进步，也看到小凯的不易，进而理解小凯。第四步，设计适合小凯参加的亲子活动，让家长在参与活动中了解小凯。

关注点2：创设友善氛围，改变学生想法。一年级的学生纯真可爱，但他们由于年龄较小，往往以自己的直接感受作为评判好坏的标准，小凯的一些行为确实会给其他同学带来不好的感受。为此，需要让学生认识、理解进而包容小凯，具体采取以下举措：第一，借助绘本故事等告诉学生每个人都是不一样的，我们应该尊重不一样。第二，开展分析优点与不足活动，让学生明白每个人都有优点与不足，只是这些优点与不足有相同，也有不同，每个人都需要学习他人的优点、改进自己的不足。第三，开展互帮互助、守护天使等活动，营造平等互助的氛围，让小凯自然融入集体。

关注点3：助力小凯，提升能力。对于小凯来说，提升能力既是自身成长的需要，也是融入集体的需要。为此，应该家校合力助力小凯成长，可以采取以下举措：第一，指导小凯的家长习得家庭教育技能，使家长有意识地在家庭生活中提升小凯的能力。第二，通过制作提醒卡片、及时给予奖励、帮助其能力升级等方法，帮助小凯提升能力。第三，求助心理教师，让心理教师介入来帮助小凯。

◆ 分析

此问题情境的核心是随班就读学生，其他学生家长对随班就读学生小凯的接纳是关键。为此，让其他学生家长了解小凯，改变他们对小凯的认知就是关键环节。除此之外，其他学生也是不可忽视的因素，师生应该充分尊重小凯，把小凯作为独立人格主体看待，让小凯和其他学生一样正常地生活与学习。在处理此问题情境过程中，班主任树立“每个人都是独立个体”的理念非常关键，避免一味以同情的姿态来处理小凯的问题；要营造“各美其美，美美与共”的班级氛围，在学生和家长心中种下平等与尊重的种子。

价值观教育

问题情境：3月份，学校组织八年级学生参加学雷锋志愿服务活动——以班级为单位，在学校附近的路口引导行人按照红绿灯的指示通过马路。活动结束后，班主任调查学生的感受。有的学生抱怨放学后再去站岗消耗体力，耽误学习；有的学生说充满挫败感，因为在站岗过程中不仅没能有效地制止行人不按指示通过马路的行为，反而受到他们的粗暴对待；有的学生说，活动结束后，路口行人闯红灯的现象又开始多了起来，活动没有意义。于是，大家提出了共同的疑问——这样的活动有价值吗？假如你是班主任，你会怎么办？

关注点1：活动准备的充分性。面对活动开展过程中出现的诸多问题，有的班主任从活动开展拓展到活动前的准备和活动后的延伸教育，提出疑问：情境中的班主任在活动前是否对学生开展了志愿服务活动的价值引导？是否对学生进行了积极的动员，使学生自愿参与？是否围绕志愿服务活动讲解了基本的服务方法？是否设计了后续活动？在活动开始之前，班主任就应该预想到学生会遇到一些实际问题、产生一些价值困惑，设计好后续活动，让学生自主解决问题。如果没有活动前与活动后的设计，难免会出现情境中的局面。

关注点2：解决学生的价值困惑。在情境中，“有的学生抱怨放学后再去站岗消耗体力，耽误学习；有的学生说充满挫败感，因为在站岗过程中不仅没能有效地制止行人不按指示通过马路的行为，反而受到他们的粗暴对待；有的学生说，活动结束后，路口行人闯红灯的现象又开始多了起来，活动没有意义”是核心，表达了学生的3类价值困惑：“做志愿服务与学习之间的关系”“被否定是否意味着做志愿服务没有价值”“没有达到预期效果是否意味着做志愿服务没有价值”。针对学生的实际困惑，班主任给出以下应对策略：一是倾听。学生经历了这些挫折，有抱怨是正常的，班主任可以在倾听学生吐槽的过程中调查是否有学生对此活动有不同的认识，将不同的认识作为教育资源。二是价值澄清。班主任组织“小鱼在乎”主题班会，引导学生认识到学习知识有利于提升道德，志愿服务也是学习的重要过程；引导学生讨论“奉献、友爱、团结、互助”的志愿服务精神；引导学生明白共享是需要过程的，允许缓慢、允许倒退，但我们每个人不应放弃努力；引导学生告诫自己要做到自律，同时采取一些方法进行文明行为的宣传。

关注点3：开展价值观教育的方法。有的班主任认为，初中学生有独立思考的能力，但思考问题难免有片面性，所以他们会认为做志愿服务不如去学习课本知识；初中学生具有向上性，渴望获得他人认可，如果外部评价过于消极，则会影响学生对自我价值的判断，不利于学生建立正确的价值观。因此，应在开展价值思辨的基础上，通过正向评价让学生感受志愿服务带来的快乐，班主任提出以下对策：第一，举办圆桌班会，寻求解决办法。班主任组织学生围绕志愿服务中出现的情况开展讨论，找到努力的方向；与学生分享成功的案例，从中思考如何学习他人的好方法，唤起学生的服务热情。第二，进行价值澄清，引导学生思考志愿服务的本质。如在班级中组织学生共读雷锋日记，通过提出“他是谁、为了谁”的问题，引导学生思考“我是谁、成为谁”，让学生续写雷锋日记，走近雷锋精神；在班级举办“志愿服务有没有价值”的辩论活动，让学生认识到一个人的能力有大有小，但只要有志愿服务的精神和行动就是一个高尚的人，就能在实现自身价值的同时也对社会做出贡献。第三，每日践行志愿服务精神，将志愿服务常态化。完善班级志愿服务机制，加强学生志愿服务培训，转变学生“被志愿”的状态。第四，积极评价，让学生感悟成长。在班级开展学生绘制成就表的活动，引导学生关注服务中的每一次进步，而不只看结果；在班级中宣传榜样事迹，通过评选“最闪亮的志愿者”鼓舞感染更多的学生加入志愿服务活动，保证志愿服务的持续性。

◆ 分析

此问题情境是典型的学生价值观教育问题，主要考察班主任如何认识学生价值观的困惑、如何对学生开展价值观教育、如何提高价值观教育实效性等能力。在此情境中，首先，班主任要看到情境中学生表现出的3类价值困惑，如果忽视情境中学生提出的具体的价值困惑，班主任提出的所有策略都只是泛泛而谈。其次，班主任要认识到情境的核心是学生价值困惑和教育问题，需要调动价值观教育的相关知识体系，如学生价值学习与知识学习的差异、学生价值学习的规律、学生价值习得的路径等。在价值观澄清理论、逻辑推理理论等相关理论的视域下，班主任能更好地把握对学生开展价值观教育的策略。最后，基于具体情境给出策略时，班主任要始终围绕“解答学生的价值困惑”，使学生在实践中自主建构自己的正确价值观。

学生自主成长

问题情境：七年级学生小黄入学成绩优异，其他方面表现也都很好。可到了下学期，班主任发现他成绩下降，还出现了骂人、打架的行为。班主任找他谈话后了解到，家长对他学习要求严格，从小就给他报了各种辅导班。初中划片分配后，家长觉得他所在的学校不如周围的“名校”，学校积极落实“双减”政策也给家长增加了焦虑，家长怕小黄落后于其他“竞争对手”，设法找到“名校”练习题让他刷题。小黄觉得非常疲惫，由此产生了逆反心理，也对自己产生了怀疑，觉得还不如混一天算一天。假如你是班主任，你会怎么办？

关注点1：小黄。有的班主任认为，“双减”政策背景下，家长的焦虑情绪和不恰当的干预行为是小黄产生逆反心理的导火索。青春期是学生形成自我认同的关键时期，青春期学生的自我认同感往往取决于他人。当小黄的付出和收获不成正比、得不到家人的认可时，就会产生自我怀疑，进而引发逆反心理。为此，一方面要改变家长想法，引导家长正面肯定小黄；另一方面要帮助小黄找到自信，如班主任可以与小黄进行沟通，肯定小黄的优点，并引导小黄通过自我评定法清晰认识自己，利用门槛效应将目标分阶段、分层次呈现，持续完成一个又一个小目标，增加自我效能感，进而实现自我认同。

关注点2：家长。在情境中，家长存在很多亟待改进的问题，如对于提高小黄学业成绩的焦虑、对学校教育不信任、与小黄沟通不畅、与学校未能形成教育合力、对小黄自主成长的认识存在偏差等。因此，班主任应采取相关举措帮助小黄家长树立正确的教育理念，传授小黄家长相应的教育技巧，如班主任可以向小黄家长推荐有关尊重孩子的书籍，开展家长沙龙，用其他家长的育儿理念来引领小黄家长。

关注点3：家校协同教育。小黄出现问题，需要班主任、学科教师、家长开展协同教育，形成教育共识，采取各有侧重、相互配合的教育举措。第一，班主任主动与学科教师沟通小黄的问题，各学科教师积极给予小黄关注，帮助小黄在学科上取得好成绩，提高小黄的自信心。第二，班主任与家长沟通小黄的困境，引导家长要放平心态，不要过多干涉小黄，要多征求小黄的意见，要多鼓励小黄，给予小黄需要的支持。第三，班主任要积极建设班级文化，营造学生之间互相帮助的氛围，建立同伴帮扶制度，帮助小黄；通过每周反馈、每月评选进步之星，总结学生的优点与进步，形成正向的班级风气，以集体发展带动个体成长。

◆ 分析

在此问题情境中，有两个重要人物，一是小黄，二是小黄的家长。其中，小黄的家长是导致小黄出现问题行为的诱因，解决问题的根本是家长要尊重小黄的主体人格，激发小黄自主成长的动力，培育小黄自主学习的能力。围绕激发小黄的自主性，可以从家长的改变、班主任的支持、学科教师的帮助和同学的助力等方面采取举措。班主任只有认识到这一点，才能将诸多外力转化为小黄成长的内力。

异性交往

问题情境：高一学生小冯的家长发现孩子与异性同学小陈的聊天内容超出了异性交往的界限。经过了解发现，小陈经常在班级主动找小冯，两人关系比较“亲密”，小冯经常给小陈购买礼物，但小陈对小冯忽冷忽热，使小冯变得患得患失、无心学习。小冯妈妈很着急，向班主任寻求帮助。假如你是班主任，你会怎么办？

关注点1：小冯。小冯是解决问题的关键，要端正小冯的异性交往观。为此，班主任采取以下策略：第一，与小冯谈话并提问——理想的异性交往状态是怎样的？如果理想状态是10分，给自己打几分？扣分的原因有哪些？交往到底是一味付出还是相互尊重？交往应该建立在自尊自爱的基础上，面对当前的处境，自己应该如何改变，需要老师和家长提供哪些帮助？第二，倾听小冯的想法后，让小冯把需要的帮助写下来交给妈妈，家校协力，一起帮助小冯。

关注点2：小冯和小陈。小陈也是解决问题的关键。班主任与小冯、小陈进行三方座谈，就双方的做法和想法进行交流，商量解决方案，明确异性交往的原则，建立相互尊重的约定。

关注点3：异性交往观。借助班级力量，一方面，解决小冯和小陈的问题；另一方面，调查班级学生异性交往的原则、底线与方法，召开“异性交往hold（掌控）得住”系列班会，让学生说出与异性交往的原则、得到异性尊重的交往方式，引导学生树立正确的异性交往观。

◆ 分析

此问题情境的核心是帮助学生建立正确的异性交往观。在情境中，虽然小冯妈妈是求助者，但核心是小冯和小陈，他们的异性交往观都存在问题，尤其是小陈的异性交往观，对其未来的发展埋下很大隐患。在解决这个问题的过程中，除了直接与小冯和小陈面对面交流，帮助他们建立正确的异性交往观之外，还要利用集体建设帮助全体学生形成健康的异性交往观。

第四章 基于经验总结开展研修

一、什么是经验总结

经验总结是班主任最常用、最基本的一种研究方法，也是最适用于班主任总结有效经验、形成专业成果、积累专业成长素材的一种方法。经验总结是教师基于自身初级经验进行深入科学分析，提炼筛选出更具一般性、更符合实际的教育经验的一种方法。

一般情况下，经验总结有两种模式。第一种是部分总结，即对工作的某个方面进行总结，一般做法是“确定总结的某个主题—收集相关的工作资料—查阅相关的理论文献—确定总结的思路—撰写经验”。如某班级自称“蝌蚪家庭”，班主任是“青蛙妈妈”，“青蛙妈妈”坚持每周给班上40多名“蝌蚪宝宝”写信，在信中总结他们成长的历程。这个班主任可以围绕“如何借助写信的方式给学生个性化指导”来总结经验。第二种是全面总结，即不是选取某个方面进行总结，而是对班级管理经验的全面总结，如对班级环境建设、学生自治建设、班级制度建设、班级活动开展、家校共育活动等的经验做法进行全面梳理。部分总结是全面总结的基础，如果班主任把部分总结贯穿专业成长全过程，那么，全面总结就是水到渠成的事。全国中小学班主任基本功展示交流活动中的带班育人方略板块，就是引导班主任对带班育人经验进行全面总结。

二、经验总结的前提：班级观

（一）树立正确的班级观

班级观是班主任对班级持有的一种信念。这种信念是班主任建立班级愿景的出发点和立足点，影响着班主任以怎样的理念、策略和方法来管理和建设班级，也影响着班主任看待班级工作的视角、制订班级计划的定位、处理班级问题的策略以及带班的方法。因此，班主任在进行经验总结时，应思考自己的班级观。班主任应树立以下的班级观。

第一，班级是一个“教育场域”。班级是由众多学生组成，在相对固定的教室里一起学习和生活的群体。班主任首先要树立“教育场域”意识，把教室、学生乃至教师、家长等育人共同体作为建设班级的资源，通过集体建设，把仅有“组织”意味的“班级”，建设成为“有情感”“有道德”的班集体，使班集体产生的情感性、纪律性、组织性、凝聚力推动每一位学生发展。

第二，班级是一个“集体场域”。集体精神是中华民族优秀传统文化的重要组成部分，人只有在集体中才能获得全面发展自己的可能性。集体精神也是未来社会公民应具备的基本素养。学生应具有团队合作精神，能积极参与社会活动，对自我、他人、集体和社会负责。班级最重要的一个功能是培养学生的集体主义观念。班级作为“微社会”，是学生加入的第一个正式集体组织。班级是学生学习、生活和日常交往的重要场所，是教师有目的地根据学生身心特点建设起来的，由学生自主管理的、有纪律和凝聚力的群体。班主任要利用班集体培养学生的集体主义观念，用集体培育个体。

第三，班级是一个“情感场域”。班级是由个性不一的学生组成的，人与人交往和共处的前提是有共同的情感基础。班主任在进行班级建设、营造集体主义教育氛围时，需要在师生之间、生生之间建立情感基础。因为只有师生之间、生生之间建立了情感基础，才能在学生与班级之间建立牢固的情感基础。在这些情感基础中，信任关系尤为重要，是基础之基础。班主任要建立师生之间积极的情感关系，就要了解每个学生、理解每个学生、关注每个学生的内心世界、给予每个学生适性指导；还要“放低身段”，把自己“还原”成学生，学着与学生做朋友。班主任要指导学生之间建立良好的情感关系。班级建设是一个从“个体”到“集体”的培育发展过程。在这个过程中，学生需要在班主任的指导下以及班级文化的影响下，建立彼此信任的关系。只有生生之间建立起信任关系，学生才能在班级中获得合作、互助、互补、共情、友善等社会性体验。学生从班主任和同伴那里获得信任后，对班级发展也会充满信任。为了让生生之间建立信任关系，班主任要在班级中营造民主平等的氛围，让每个学生认识到同学之间是民主平等的；班主任在班级中要营造友善尊重的氛围，让生生之间多理解、多宽容、多支持、多帮助，彼此获得支持感。生生之间信任关系的建立离不开班级整体文化的建设，同时，信任关系也会反过来影响班级文化的形成。

第四，班级是一个“个性场域”。集体与个体是相互依存、互相促进的关系。个体形成集体，集体推动个体的发展。学生通过在集体中与人交往，丰富自己的个性，形成完整的人格；学生借助班级活动平台展示自己的才能和向同学学习，不断激发自己的潜能；学生在班主任的引导和在班集体良好氛围的浸润下，形成独立的思维判断能力。没有集体的发展，就没有个体的发展。集体建设的最终目的是促进个体的适性成长，使每个学生都能学会学习，明白应该学习什么、如何学习、如何思考；使每个学生都能学会生活、学会认识自我、学会自我控制、学会与人交往、学会调节情绪、学会处理个人与集体之间的矛盾等；使每个学生都能学会规划，能制订适合自己的发展规划和学习计划，不断发掘自己的潜能。要促进学生个性发展，班主任还必须树立差异观，即认识到每个学生是不同的，正视学生之间的差异，根据学生差异给予适性指导。

班级功能不是自动发挥的，其依赖班主任对班级功能的定位、对自身角色的定位以及对班级资源的定位等。

班主任的工作对象是班级，班级是由学生个体组成的教育组织。由不同个体组成的班级因诸多个体的“行政聚集”而形成了个体没有的独有资源，核心表现在三个层面：第一是教室资源，包括一间相对固定的教室和随之产生的墙壁资源、空间资源、座位资源等；第二是学生资源，包括学生自治产生的岗位资源、规则资源和生生交往产生的情感资源、道德资源、能力资源、氛围资源等；第三是育人共同体资源，包括因班级组建而形成的以班主任为核心的教师、家长乃至社区资源等。可以说，因班级组建会自然产生新的资源。

由此，班级资源之间可以形成四层关系：第一是“它—它”关系，即班主任要思考如何在教室空间、座位、岗位等客观资源之间建立教育连接；第二是“我—我”关系，即班主任要激发每个学生的能量，让学生在彼此交往、互动中形成更多元、丰富的教育资源，达到“1+1>2”的效果；第三是“我—它”关系，即班主任要思考如何借助客观资源服务学生成长，在客观资源与学生之间建立教育连接；第四是“我—你”关系，即构建以平等、相遇、对话、爱为关键词[①]的师生关系。（见图4-1）[②]

① 李新，杨杨，白秋生．试论“我—你”型师生关系的建构——兼谈马丁·布伯的《我与你》［J］．教育探索，2016（7）：20–22.

② 李秀萍．指向思维品质的班主任教研［J］．中国教育学刊，2024（7）：97–102.

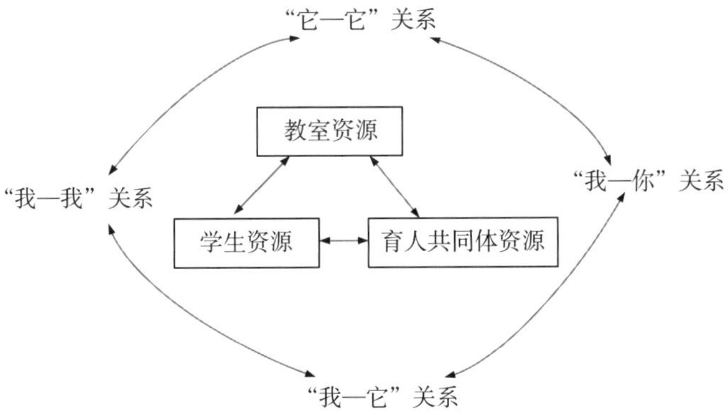

图4-1　班级资源—关系结构

以上关系体现了几个特点：第一是相关性，即各种资源之间会直接或间接产生相互联系和相互作用，使班级组织有弹性发展空间；第二是互动性，即各种资源之间会产生积极或消极的互动、显性或隐性的互动，使各种资源之间构架的关系表现出动态性、协调性、适应性，班级组织中形成的三个层面的"资源"因四层"关系"而相互镶嵌，构成多元、立体的关系网络，如班级评价机制会影响学生的价值观和家长对班级的满意度；第三是价值性，不管是古典组织理论把班级看作"工厂"、人本组织理论把班级看作"家庭"，还是社会系统理论把班级看作"集合体"、权变组织理论把班级看作"松散结合系统"①，都传递出班级相应的育人定位和育人价值，决定着资源之间的关系属性的定位。

（二）总结班级观的几个视角

班主任可以从以下视角提炼自己的班级观：第一是学生视角，即班主任明确想要借助班级培养怎样的学生和提升学生哪些核心能力、核心素养。第二是班级视角，即班主任认为班级在加强集体建设、推动学生成长上发挥了怎样的作用。第三是班主任视角，即班主任要思考对于班级中的学生来讲，班主任是谁；与学科教师相比，班主任在学生成长过程中承担了怎样的独特角色。

1. 学生视角

班主任进行班级建设的最终目的是促进班级中每个学生的健康成长。那么，班主任希望学生在班级中拥有怎样的状态、地位和扮演什么角色？班主任希望班级提

① 梁红梅，王景英. 20世纪西方教育组织理论视阈下学校观的嬗变［J］. 外国教育研究，2007（6）：35-39.

升学生哪些核心能力、核心素养？一旦班主任对这些问题形成清晰的认知并对此坚定不移地执行时，班主任就会形成自己的班级观并对后续的班级建设路径和策略产生影响。

案例

有的班主任把学生比作天上的星星，将班级发展目标设定为“让每个人成为星空中最闪亮的星星”；有的班主任把学生比喻成小水滴，将班级发展目标设定为“每一滴小水滴都闪耀内生的光辉”。当班主任确立了班级发展目标后，其有关班级的所有工作都会指向促进每个学生的个性成长。

有的班主任根据学生特点，把班级发展目标设定为“开窗，见未来”，寓意每个学生都要勇于突破自己，寻找最好的自己。因此，这个班主任所有的工作都会指向为学生搭建成长平台，引导学生寻找最好的自己。

某班主任从一年级开始带某班，直至六年级，以“蒙以养正”的教育思想贯穿学生成长的全过程。在带班过程中，该班主任将“蒙以养正”的教育思想分为低段正规、中段正学、高段正心三个阶段推进。在低段正规阶段，侧重点放在培养学生善倾听、会表达、遵守时间、会整理4个习惯，旨在训练学生遵守课堂常规、生活常规、校园常规，使学生适应小学生活，养成最基础的学习习惯。在中段正学阶段，从培养学生正气与灵气、雅气与大气和辩证地传递给学生规则与自由的联系3个方面着力正学，旨在促使学生从个人意识向集体意识靠拢，营造学习氛围浓郁的集体生活。在高段正心阶段，从引导学生探寻自我成长入手，提升学生自主学习、自我管理、自我教育的能力，帮助学生实现从被动学习到主动学习的转变，达到觉他到自觉的突破，旨在促使学生将学到的知识、养成的良好习惯内化成个人修养，在提升自己品格的同时影响他人。[①]

① 潘笑也. 蒙以养正——小学六年一贯制班集体建设实践探索［J］. 班主任，2017（8）：3-13.

激发学生潜能，实现班级成长“链式反应”；为了共生，唤醒生命的自觉；塑造“小我”，共筑“大我”；等等。这些都是班主任总结自己带班育人经验的角度，都有利于班主任侧重于站在学生视角来审视自己的班级观。

2. 班级视角

班级是育人载体，但未必每个班主任都能对此形成正确认知。当班主任对班级形成一定的观点，就会指引其实施相关举措。有的班主任从社会学视角，把班级看作促进学生个体社会化的场域，借助班级资源提高学生融入社会的能力；有的班主任从情感学视角，把班级看作学生形成积极情感的地方，通过加强班级文化建设、同伴关系建设和开展系列活动加强师生之间、生生之间的关系建设；有的班主任从生态学视角，把班级看作一个生态，协调多方资源，使学生在稳定的班级生态中成长。总之，班主任的班级观影响班主任的带班育人举措。为此，班主任要借助经验总结、反思和提炼自己的班级观。

案例

某班主任的带班理念是把班级作为学生自主成长的练习场，根据学生的身心特点，分别就“练习”什么确定了具体的目标和实施策略。

在一、二年级，班主任的首要任务是帮助学生适应新环境和新身份，即帮助学生“练习”角色认知。具体实施策略是：通过“校园探秘”“绘绘我的家”“绘本共读时光”等活动练习学生的场合意识，通过“我的一日日程表”“我的铃声作用我知道”“我的课余时光创精彩”等活动练习学生的时间意识，通过“给宝贝起名字”“学习‘轮流’‘借用’概念”“设置失物招领箱”等活动培养学生的物权意识，通过“关注同学优点”“拉手”“点赞”“拥抱”等活动培养学生的交往意识。

三、四年级的学生集体意识比较薄弱，辨别是非的能力有限。因此，在三、四年级，班主任要帮助学生“练习”明辨是非。具体实施策略是：借助每周班会课讨论班级问题的“焦点论坛”时间，评选“守时之星”“守礼之星”“守纪之星”“守信之星”等，培养学生辨别是非的能力。

五、六年级的学生常以自我为中心，不能意识到自己的言行会给他人带去的影响。因此，在五、六年级，班主任要帮助学生“练习”解决问题。具体实施策略是：通过“谈心茶话会”活动让学生倾诉心事或烦恼，通过班会议题本关注班级问题，通过“圆桌班会”活动共议班级问题，培养学生自主解决问题的能力。[①]

在这个案例中，班主任把班级定位为学生自主成长的练习场，确定了低段“练习”角色认知、中段“练习”明辨是非、高段“练习”解决问题的分学段目标。围绕这些目标，班主任设计了相应的系列活动，体现了目标引领活动、活动支撑目标的特点。

案例

某班主任所在的学校是一所位于远郊的普通中学，班里大多数学生来自农村，学业水平处于中下游，以往班级事务的参与机会少，当过班干部的就更少了。他们大多缺乏自信，没有主见，刚入学时像孤立生长的植物，矮小、单调。班主任希望通过打造助力学生生长的“共生圈”，充分利用共生效应，助力学生内生自信、外长能力，互相促进，共同发展，最终实现多元化发展。

“结伴”成长，众人行远；打造“君子气韵”特色班集体；让教室成为学生自由呼吸的地方；让学生在公共生活中成长；让教室成为学生成长的“空间”；建自主集体，育“六自”学生；等等。这些都是班主任对带班育人经验的总结，都有利于班主任侧重于班级视角审视自己的班级观。

3. 班主任视角

班主任在班级建设与班级发展过程中发挥着重要的作用。作为班主任，应不断回答我是谁、我在学生成长过程中扮演着怎样的角色、我能在班级发展过程中发挥什么作用等问题。对于这些问题的回答就是对班主任角色的定位。不同的回答、不同的角色定位，决定了班主任后续的班级建设举措，即班主任有怎样的角色观，就有怎样的班级建

① 孙秀林. 让班级成为学生自主成长的“练习场”［J］. 班主任，2019（6）：3-14.

设策略。

案例

“适性指导，成就独特的学生”表达了班主任对于自身角色的思考，是班主任从自身角色视角对带班育人经验的梳理。“适性指导，成就独特的学生”要求班主任了解学生个性，通过班级建设、利用同伴教育资源和集体教育资源，挖掘每个学生的潜力，激发每个学生的发展动力，使每个学生成为独特的自己。基于自身角色，班主任开展了以下工作：第一，借助学生自我介绍、每日交流等活动，发现学生的独特性；第二，通过为每个学生庆祝生日、“对话碰碰碰”等主题班会活动认识每个学生的异同，营造尊重独特的氛围；第三，通过系列活动为学生搭建展示平台，引导每个学生适性成长。

为低年级学生营造一个从“甜蜜家园”到“成长舞台”的班级；建设“学习共同体”，促进每个学生卓越发展；育人，从心开始。这些都是班主任对带班育人经验的总结，侧重表达自己在学生成长中的作用。

三、经验总结的角度：多元立体

班主任如何对自身班级建设工作进行全面的总结并在总结中形成自己的带班特色和带班理念呢？班主任可以从横切面、竖切面、特色切面等角度进行总结。

（一）横切面总结

横切面总结是班主任围绕工作要素进行全面、系统、综合、结构化的总结，把诸如班级环境建设、班级制度建设、学生自治组织建设、家校共育、学生习惯培养、班级活动开展等，围绕“我是如何做的”进行全面梳理，全面呈现班主任是如何盘活班级建设资源促进学生成长的。

案例

创造会生长的教室，绽放能发展的生命

●读懂班情，确立班级愿景

●搭建暖心教室：点亮每一个“我”，激发学生个体生命力

神秘抽签“筒”：悉心关注每个学生

每周荐展“墙”：精心创设个性空间

梦想成真“瓶”：尽心关照每个需求

人人都有“奖”：细心呵护每个生命

●打造文化教室：探索同伴中的“我”，培育班集体凝聚力

快乐中凝聚：在平等的制度中获得快乐

进取中凝聚：在团结的小组中积极进取

儒雅中凝聚：在知识的浸润中温文儒雅

大气中凝聚：在心灵的联结中大气处事

●创设时空教室：社会文化中的“我”，发扬中华文化感召力

穿越古今：用好奇心与祖国相连

沟通中西：用自信心与世界相连

立足未来：用责任心与社会相连

（北京大学附属小学　邱平）

在上述班集体建设经验总结中，邱平老师全面梳理了自己的班主任工作，“神秘抽签‘筒’”“每周荐展‘墙’”“梦想成真‘瓶’”“人人都有‘奖’”是关注每一位学生的举措，“快乐中凝聚”“进取中凝聚”“儒雅中凝聚”“大气中凝聚”是利用学生自治组织、班级规则和奖励、班级活动等发挥同伴育人的举措，“穿越古今”“沟通中西”“立足未来”是利用班级活动实现家校社协同育人的举措。邱平老师从班级建设的各个方面进行了总结，但这个总结不是简单的罗列，而是有明确的班级观，即班主任要打造3个“教室”，班主任所有策略的实施都指向3个“教室”的建设，目标明确、举措清晰。

（二）竖切面总结

竖切面总结是班主任围绕学生不同阶段的成长特点，总结相应的带班经验，体现了围绕学生身心变化的班级动态建设过程，能清晰指出不同阶段培育学生和班级建设的不同着力点。竖切面总结适合经历过不同学段的班主任，他们能回答不同年龄段学生的特点和不同学段的班级建设特点，所总结的班级建设经验举措呈现螺旋上升的特点。

案例

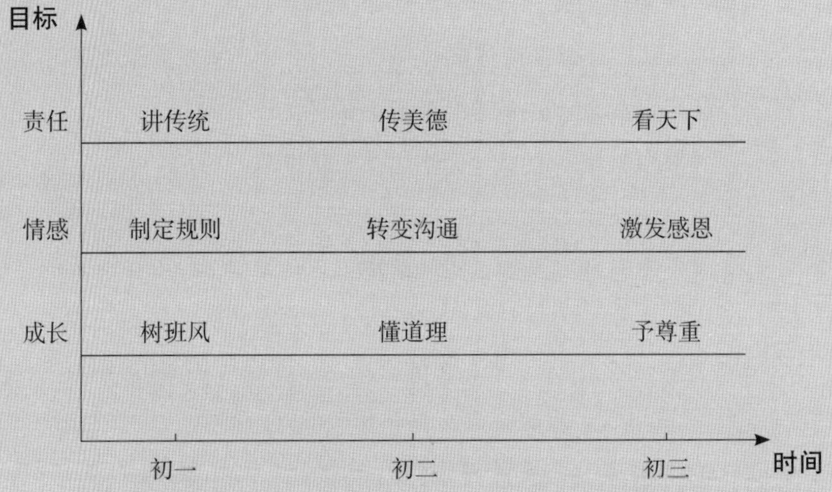

新鲜人

看到什么都觉得新鲜，活泼好动，精力充沛，喜欢被赞扬，做事取悦师长。

小大人

行为既独立又不自觉地依赖师长，对大千世界充满好奇又不易接受师长的耳提面命，取悦同伴取代了取悦师长。

自主人

自尊心强，自我意识朝着独立成熟方向发展，升学压力与自我认同需求矛盾交织。

（清华大学附属实验学校　徐蓉）

在上述总结中，班主任从竖切面的角度清晰总结和回答了不同年级学生的特点和班主任要开展的核心工作，给其他班主任提供了一些纵向带班的有益经验。

（三）特色切面总结

特色切面总结即班主任从自己擅长的领域出发进行班级管理和建设经验的总

结。虽然强调从特色切面总结，但一定要包括核心甚至全部的班主任工作，不能只是单一的、片面的班主任工作总结，要能为他人提供带班育人经验的样板。

案例

三、四年级学生正好处在文化敏感期和语言敏感期的后半段，他们热爱诗词，会利用课余时间背诵、积累诗词，平时比较文静、不浮躁，但对诗词只停留在背诵、积累上。诗词是我国传统文化中的瑰宝，诗词的声韵格律是我国的优秀传统文化，诗词中蕴含着无穷的智慧和力量，而且班主任也是一名诗词爱好者，因此，班主任决定发挥自身优势，结合学生对诗词的喜爱，以诗带班，以诗育人，汲取诗词中的营养，引导学生树立远大理想，激发学生自主性，进而建设和谐、友爱、富有诗意文化氛围的班级。为此，班主任围绕“创设诗意班级”来进行班级建设，包括赠学生姓名藏头诗、在不同季节或节日把自己原创的诗词送给学生、创作充满诗意的班歌、制定充满诗意的班规、设置特色图书角、组织诗歌社团、组织诗词主题班会、创编诗歌创意操、举行诗词辩论会等。

（北京市东城区培新小学　袁久强）

在上述案例中，班主任以“诗”为媒，进行班级环境建设，开展班级活动，创建班级标识，形成了独特的班级文化，带动了班级和学生发展。

四、经验总结的关键：策略表达

班主任的仁爱、智慧与魅力体现在哪里？一定是体现在具体的教育策略中。为此，班主任在总结经验时，最关键的是总结自己的带班育人策略。借助策略，班主任表达理念；借助策略，班主任呈现智慧。

在实践中，班主任存在的问题恰恰是不会总结策略，在表达策略时存在大而化之、笼统的问题，导致没有借助经验总结实现自我提升。

进行高效的经验总结并在经验总结中挖掘有效的教育举措、完善教育理念，我们可以从以下几个方面入手。

（一）回到班情

班主任带班育人策略的制定一定是基于班情的。不同的班情决定了班主任采取的针对性举措不同，为此，班主任在总结策略时，一定要结合班情进行思考，把带班育人策略与学情分析、家长情况分析、班级整体情况分析紧密结合起来。

案例

我所带的班级大多数学生是随迁儿童，他们从三年级开始陆续转学回老家，原本40人的班级到四年级我接班的时候，只剩下26人。受生活环境影响，他们缺乏良好的行为习惯和规则意识，也难以感受亲情的温暖，更因为自己生活不稳定而缺乏对未来的思考。为此，面对这样一个班级，我从规则、情感和梦想三方面对学生进行引导，帮助学生培养班级归属感，让学生在班级里找到情感依托和能对自己的未来生活充满期待。正是因为班情的特殊，我在开展规则意识培养、情感培养、梦想培养时采取的策略别具一格。如围绕梦想培养，我采取了如下策略：

升入高年级后，班里更多学生转学回老家，眼见班级就要四分五裂，暂时留下的学生也变得浮躁不安，对未来感到十分迷茫。于是，我开展了“追梦之旅”活动。

首先，让学生看到自己身上的亮点，用为建设祖国做出伟大贡献的榜样鼓励他们树立远大志向。其次，让学生把自己的梦想和阶段目标写在班级后墙上，组成“梦想展宏图”栏目，借此时刻提醒每个“追梦人”鼓足斗志，奋勇向前；设置同伴互助和评价机制，激励学生不断达成阶段目标。再次，秉持“不批评、不责备、不抱怨，成为更友善的人”和“心中满怀平安、勇敢、健康与希望，培养能为自己带来平安快乐的心情的人”等准则，在班内举行心理微班会，让学生在“撕窗花”“我是列车司机”等活动中找到解开心结的办法，并辅之以书信对学生进行心理辅导。最后，在毕业典礼上，让学生以独特的方式呈现梦想。就这样，班级成了学生的心灵家园，成为学生获得情感支持和心灵归属的避风港。①

① 赵慧超. 心与梦同在——不散的绿萝班［J］. 班主任，2019（3）：3-11.

案例

我所带的班级学生多是高校子弟，他们都非常优秀，一般都参加了学校1～2个社团，有人还担任了团长，家长对他们有非常高的教育期待。面对这样的班级，我在为每个学生搭建成长平台的同时，让每个学生学会合作、形成集体意识，从集体生活中汲取精神滋养。因此，我带班的方向更多是让学生从个人成长到共同体成长，在班级建设中充分调动和发挥每个学生和家长资源的作用，使所有学生和家长形成共同体意识和力量。如在激发学生个性成长时，我采取了如下策略：

我用心发现每个学生的特长，并给他们搭建合适的成长平台。如对擅长书法、绘画的学生，我鼓励他们开"个人艺术展"；对动手能力强的学生，我倡导他们组建"手工俱乐部"；对热爱表演、爱好声乐的学生，我鼓励他们组成"水滴剧团"；对喜欢围棋、象棋的学生，我让他们开小讲堂、成立棋艺社团……每个学生都有展示自己的机会与舞台。①

学情不同，班主任可利用的资源和采取的教育手段也会有所差异，造就了各具特色的班集体建设和与众不同的育人策略。

（二）回到策略

策略体现育人智慧，为此，班主任要紧扣"怎么做"进行做法的总结。在总结过程中，要思考哪些细节决定了这个做法的有效性、哪些细节体现了自己独特的教育理念、哪些细节可以为其他班主任提供借鉴等。从细节入手、体现策略的可操作性和独特性，是班主任在进行经验总结时应把握的要点。

1. 班级环境建设的策略

物质环境具有无声的教育作用，可以潜移默化地教化学生。在进行班级环境文化布置时，班主任要遵循几个原则：第一是价值性原则。班主任要结合班级核心价值观、班级文化标识进行环境布置，使教室环境自然而然地成为传递班级核心价值观的载体。第二是教育性原则。环境布置的目的是服务学生的成长，所以，班主

① 赵丽娜. 让"小水滴"闪耀儿童内生的光辉——"小水滴"班成长记［J］. 班主任，2022（2）：9-13.

任在对教室环境进行布置时，一定要站在学生的角度，思考如何让环境布置实现教育意义的最大化。第三是开放性原则。学生是教室的主人，因此，班主任在环境布置时，要给学生参与环境布置的机会，使环境文化处于动态之中，还能使学生与教室环境进行一定的互动。第四是审美性原则。教室作为师生共同生活的最主要的空间，在视觉上应该强调审美性，给师生一种愉悦的感受。

班主任在环境布置上可以考虑几个空间：第一是墙壁和黑板报布置。墙壁包括教室内墙壁和教室外的楼道墙壁。第二是教室空间。教室的墙角、窗台、讲台都可以做整体设计与布置。在环境布置上，在做到干净、美观、有序的基础上，要与班级核心价值观相结合，让教室处处体现教育意义。

下面列举一些班主任进行班级环境建设的案例，我们从中思考：班主任是如何借助不同的班级环境布置策略来体现班级育人目标的？

案例

某班学生“美容”教室的方案：在广播下挂一个小黑板写名人名言；在教室里挂一本挂历，把重要日期和每位同学的生日都圈上；在教室后面的墙上开辟“新闻望远镜”专栏，每天由同学们按学号收集新闻并张贴；在教室黑板报上设置“快乐宝贝大家猜”专栏；设置班级“图书角”；在窗台上设一个“植物角”，让同学们自发带花草来展示；设置“知心信箱”，让大家有知心话可以投稿；用一个小黑板做“光荣榜”，及时表扬班里的好人好事；充分利用每个同学的小抽屉，让同学们根据自己的爱好，设计并张贴知识小报或自我介绍；“栽种”一棵“赞美树”。我们从这个班级环境布置上，处处能感觉到班级欢乐的氛围。

案例

班主任为了给学生营造幸福的班级氛围，带着学生将教室布置成“与我有关”的空间。在教室中搭建“空中照片墙”，呈现学生生活中的样子，并定期更换；在墙上布置“气球愿望墙”，将彩纸剪成气球的模样，并在上面写下学生的期望；绘制“一人一笔画”，作为班级标志，悬挂在教室后方。

案例

某班是“竹文化”班级，班主任以竹为主题进行班级环境文化建设，整个班级环境都围绕“竹”进行设计。养的植物以各种竹为主，让学生进行培植和呵护，既可以净化、美化环境，又可以培养学生的责任心。墙壁围绕“竹”选择诗歌、图画等进行布置，让学生浸润其中。利用手工课完成各种竹工艺品，陈列于教室内。在黑板和墙面上，布置“竹之星”“竹之娃”等评比栏。这样的班级环境文化建设，很好地体现了班级文化主题，有较为完善的创新理念。①

案例

七年级某班班名为“石头班”，班级环境文化建设也处处彰显着“石文化”。在“诗说石语”板块，同学们搜集关于赞美石头的诗句，以毛笔字书写好并粘贴，使人明志；在“石路探寻”板块，同学们以照片配文字说明的形式整理出中国历代石文化的发展，使人明史；在“石语名片”板块，同学们给自然界中各种各样的石头配上名片，赋予它们不同的内在品质，使人明趣；在“石画展”板块，同学们课下搜集或在网上购买原石，5～6人为一组，利用美术课、活动课和其他课余时间完成4类（绘景类、动物类、诗画类、卡通类）石画作品，增加同学们的审美情趣，陶冶同学们的艺术情操。

案例

某学校在实施选课走班后，应运而生了各具特色的学科教室。某班主任作为一名生物学教师，有一间生物学科教室。作为班主任，她担负着15名学生学习与成长的指导工作。经过多番思维碰撞与讨论，班主任和学生

① 王志刚. 班级环境文化建设的实践与创新［J］. 班主任，2018（1）：24-25.

将这间教室命名为“达尔文号”，并阐明其内涵：循着科学家的足迹，登上“达尔文号”，在知识的海洋里自由探索与徜徉。学生还在教室门口贴上了帆船图案，寓意“乘风破浪，勇于探索”。在阅读过不同科学家的故事后，学生一起将教室空间分为“孟德尔花园”“巴斯德实验室”“林奈研讨厅”，供大家放松休憩、实验探索和交流研讨。班主任组织学生在“孟德尔花园”种下各种植物，放松自我。[①]

2. 班级制度建设的策略

俗话说：“国有国法，家有家规。”每个组织和群体都需要有一定的规则和制度，才能确保其有序运作。班级制度不仅能让学生明白在集体中什么事情能做、什么事情不能做，给学生提供规范自己行为的准则，使学生在行为发生之前就能预判行为可能导致的后果，借以警醒、约束自身；而且表达了教师对学生的期待，能够有效实施道德引领和情感引领，有助于形成班级的制度文化，进而推动班级整体文化的形成。然而，在实践中，班主任班级制度建设策略却难以有所突破和创新，绝大多数班主任的策略常规且易出现“伪教育”的情况。以下案例提供了一些有新意的策略。

案例

“门语”是张贴在教室前门和后门的提示语和励志语，是为学生每周发展或为班级阶段发展“量身定做”的，或激励学生阳光成长，或及时进行学法指引。以下是高三某班第一学期每周“门语”。

第1周：

前门：自信走入，超越展示！

后门：我的高三，我的精彩！

…………

① 林亚. 探索“达尔文号”——空间育人理念下的班级文化建设［J］. 班主任，2020（4）：14-16.

第6周：

前门：规范自习，铃响预习！

后门：每日一结，自主钻研！

…………

第9周：

前门：认真反思，真心对话！

后门：理性评价，积极调整！

…………

第14周：

前门：来得更早，学得更勤！

后门：肯钻勤问，挑战弱科！①

…………

案例

王晓波老师接手三年级后，与学生一起确定班名为“猫的国”，学生从众多的“猫”身上提炼出猫的特质——优雅、勇气、温暖、有担当、有梦想、有个性。围绕这些特质，学生制定出“猫国公约”。以下是围绕“温暖”制定的“猫国公约”：

别人碰到你或者你碰到别人，不管有没有错，都要说声“对不起”；

别人掉东西，请弯腰去帮他捡；

自己的事情自己做，别人的事情帮着做；

用小小的贴心，为别人制造惊喜（日常的帮助、节日的问候等）；

用自己的爱心，为班级（学校、家庭）等创造价值；

让客人有宾至如归的感觉（如果有人要参观我们的教室，接待者要和他们握手，向他们做自我介绍，并致欢迎辞）。②

---

① 程璐. 每周“门语”，为学生成长导航［J］. 班主任，2017（11）：23-25.

② 王晓波. “猫的国”的故事——用文化引领班级朝向卓越［J］. 班主任，2017（2）：26-29.

案例

高二（8）班以“做幸福的（8）班人”为班级文化的核心追求，以善良、正义、担当描述班级精神品格，以“幸福的约定”称呼班规，以形象的话语表达对班级和他人的期望。例如，描绘“氛围”时说：“水质的好坏决定了鱼儿生命的长短，学习氛围的优劣影响了我们的成败。”描绘“午休”时说：“请在他人休息时放轻你的脚步，给他人营造一个舒适的环境。”描绘“课间”时说：“下课了，请尽量不要让周围的同学送来不一样的目光。”[①]

案例

八年级（19）班试行“便笺式”班级公约。开学之初，班主任在教室墙壁上贴了一张白纸，告诉学生：“从现在开始，用你们的眼睛发现班级的不良行为。每发现一条，便写在便笺上并贴到白纸上，以便提醒同学们‘有则改之，无则加勉’。”这被称为“便笺式”班级公约。很快，学生开始陆续根据自己发现的问题贴上便笺：“不乱扔垃圾，做（19）班的文明使者”“请在课堂上管好自己的嘴”“借别人的东西要按时归还”……班级还规定，哪个学生贴上便笺，就由他负责暗中考察便笺内容在班级的落实情况。如果经过一段时间，便笺上提示的不好现象消失了，就要把所贴的便笺揭下来，确保“便笺式”班级公约上面显示的都是班级急需解决的问题。[②]

每个班级都必须有相应的规则，因此，班规必然存在。但班规什么时候制定、以什么形式制定、班规的内容是什么、以怎样的形态存在都是因班、因班主任而异的。班主任要以学生为本，尊重学生，发挥学生自主管理班级的积极性，使班规成

① 王俊. 从“目标”到“生长”再到“家园”——一位青年班主任对班级教育价值的思考［J］. 班主任，2017（4）：14-16.

② 张月中. 我班的“便笺式”班级公约［J］. 班主任，2015（9）：13.

为培养学生规则意识、引领学生道德成长的载体。

3. **学生自治的策略**

在制度实施过程中，学生自治组织和机制是必不可少的载体。因为借助学生自治机制，学生才能自主制定、实施、监督、评价制度，进而推动自身行为的改变。

在学生自治机制中，一般会设立班委、课代表、小组长等班干部岗位。班干部的角色在推动班级制度运用中发挥关键性作用。这里就涉及班干部怎么产生和如何提升班干部能力的问题。对于班干部的产生，建议班主任采用以“培养”为核心的“精选+轮流”的形式。班主任要借助班干部岗位把班级运作起来，同时也要把班干部岗位作为培养班干部的平台，尽量为每一个学生都提供锻炼的机会。

案例

班主任用了3招来确定班干部。第一招是学生自荐。班级大部分岗位通过招聘的方式来确定合适的人选。在招聘相关岗位时，可以添加一些提示，如准入条件、录用条件等。招聘完成后，与学生签约，确保学生认真履职。第二招是举贤任能。班主任要明察秋毫，征求大家的意见，发动学生、家长、任课教师积极推荐。第三招是慧眼识珠。对于个别重要的岗位，班主任可以保留一定的直接任免权。因为一些重要岗位用对了人，整盘棋就活了；用人失察，对整个班级发展会产生不利影响。保证人得其位、位得其人，为高效班级管理奠定基础。①

案例

关于学生自治，班主任除了可以实施“班干部+普通学生”的科层制外，还可以采用扁平制，让全体学生参与到班级管理中。比如，班主任根据学生的兴趣爱好，为每一个学生设计适合他的岗位。如班级中有33名学生，每人承担一个岗位：推选6名“管理专家”作为班主任助理，协助班主任管理班级卫生、学习、纪律、生活、宣传等工作，每两周召开例会，查

① 陈宇. 班级管理系统的流程设计思路（上）［J］. 班主任，2017（3）：22-25.

找班级存在的问题并及时提出改进对策；全班共分5组，每组设置“公物小管家”“卫生小管家”“礼仪小使者”各1名，分别负责本组公共物品摆放、卫生清洁与语言行为文明的管理；班内成立多个“主题管理小组”，每组1～3人承担管理职责，如成立后勤维护小组，负责公共物品检查，及时将受损物品记录并报告给班主任助理，请校工及时维修……各小组都有明确分工与职责。①

在借助岗位锻炼学生的同时，班主任还要重点对相关岗位角色进行培训，尽快提升学生的领导力。在培训过程中，有两种方式比较常用，第一种是开发班干部培训课程，进行专题培训；第二种是在学生做事过程中或结束后，班主任或其他班干部对其进行即时指导、点评。

案例

八年级上学期，班级启用公司制管理模式。由班主任担任董事长和顾问，负责总体把控和方向引导。设置CEO（首席执行官）一名，负责统筹班级事务。在此之下，设置宣传部、生活部、学习部、外联部、文艺部、卫生部等部门，各部门设置部长一名，学生根据自身特长和兴趣爱好选择加入哪个部门。班主任对CEO和各部门提出了“四个一”学年考核要求，即交一份策划、办一次活动、写一份成果追踪报告、做一次年度工作述职。各部门申办活动按照“七步走”流程：各部门提交活动方案—董事长和CEO初步审核方案—召开部门会议确定方案细节—部门内部进行人员工作分配—活动实施—部门内部进行活动总结和反思—后续活动成果追踪记录。这一流程可分为活动前、中、后三个阶段，针对不同阶段特点，班主任要求学生进行“三个思考”：活动前思考活动的目的和意义，活动中思考如何确保活动顺利实施，活动后思考是否达到预期效果。

在上面案例中，班主任对每个岗位的职责都进行了明确，并对在每个环节应该注意哪些问题，采用“三个思考”的方式，引起学生的关注。在这里，既有班主任

① 高妍. “同心圆”的快乐家事［J］. 班主任，2017（12）：3-11.

的宏观规划和引导，又有学生的主体参与和思考，既锻炼了学生的能力，又提高了班级的管理成效。

在学生管理班级事务时，总会遇到各种各样的问题，或者是处理人与人之间关系的问题，或者是处理人与事之间关系的问题等。学生在解决问题时出现困难就是班主任最佳的培训和指导契机。班主任可以多学习和利用一些工具，提高学生用科学方法解决问题的能力。

案例

某班干部在分卫生组时遇到了阻力，有的学生不乐意跟谁一组，有的学生不愿意干分配的任务。这个时候，班主任利用岗位分析的方法制订了优选卫生组和组长的方案，主要从以下“7W1H”的角度着手进行分析。who（谁）：谁从事此项班级卫生工作，责任人是谁，这个人为什么可以负责；what（什么）：工作任务是什么，在要完成的工作任务当中，哪些属于体力劳动的范畴，哪些属于脑力劳动的范畴，工作分工是否得当；whom（谁）：组长要对接的检查组有哪些，他们对班级卫生检查的要求是什么；why（为什么）：为什么要做这项工作，即该工作岗位对于工作者的意义是什么；when（什么时候）：工作要求在什么时间完成；where（哪里）：工作的地点有哪些；what qualifications（什么资格）：从事这项工作的人应该具备哪些资质；how（怎样）：如何从事这项工作。在班主任的指引下，班干部完成了分卫生组的工作，并将本班包干区按照难易程度和学校检查频率进行了划分。①

在上面案例中，当学生遭遇管理困境时，班主任借助科学的方式帮助班干部解决了问题，不仅提高了班干部的领导能力，也有利于全体学生科学地进行任务分工，达到各司其职、相互合作的效果。

综上所述，班主任从各个层面呈现了发挥学生自主自治力量进行班级管理的举措，策略具有可操作性、针对性、创新性和可推广性。更重要的是，我们可以通过举措策略看到背后的班主任的育人理念。

---

① 石梦星. “7W1H”法引领班干部自主成长［J］. 班主任，2020（5）：24-26.

4. 班级活动的策略

既然班级活动是班级文化建设的载体，而班级文化的建设具有整体性和持久性，是朝着目标、长久坚持而形成的，那么，班主任在开展班级活动时，也要树立班级整体规划意识。

班级活动的整体规划有助于发挥“组合拳”的力量。班主任在针对活动做整体规划或者在进行经验总结时，可以考虑以下几条线索。

第一，一条“灵魂”线。活动作为教育的载体，最终目的是推动班级文化形成、促进学生发展，因此，一个活动搞不搞、怎么搞，要回到班级核心价值观、班级育人目标的主线上来考虑，用班级核心价值观、班级育人目标作为引领班级活动的主线。

案例

九年级班主任针对学生目标追求有待挖掘、自律能力有待优化、学习能力有待提升的现状，开展了系列活动：开展“逐梦”活动，培养学生成为有人生追求、正确目标的有志“志成人”；开展“自律”活动，培养学生成为具备自律能力、坚毅品格的有法“志成人”；开展“研学”活动，培养学生成为具有学习能力、丰富知识的有识“志成人”。

（北京市第三十五中　刘宣仪）

第二，一条“横向”线。在设计班级活动时，班主任要综合考虑学校工作安排、学生个性特点、家长资源、社区资源、班级发展规划等因素，在此基础上设计优化班级的活动。

案例

班主任从语文课堂入手，和学生一起梳理了我国重要的传统节日：腊八节、除夕、春节、元宵节、清明节、端午节、七夕节、中秋节、重阳节。将全班学生分成9个小组，每个小组认领一个节日，组内合理分工，每人从不同角度查找节日相关资料，做成手抄报，开展主题班会，出“忆传统节日，赏中国风情”板报，展现中国气派和民族风格。[①]

① 汪磊．依托班级活动，将初一新生引入中学大门［J］．班主任，2017（8）：13-15.

案例

有的班主任开展亲子沟通活动，组织学生和家长定期给对方写家书，让双方围绕当下话题展开讨论，搭建沟通的桥梁。

学习类：

学生活动：当考试来临，我最喜欢______（学科）。

家长活动：当考试来临，我最喜欢______（学科）。

沟通类：

学生活动：我希望爸爸/妈妈________________，爸爸/妈妈________________（一件事）让我印象深刻。

家长活动：我希望你________________，你________________（一件事）让我印象深刻。

规划类：

学生活动：我希望和爸爸/妈妈一起________________。

家长活动：我希望和你一起________________。

（清华大学附属实验学校　徐利）

第三，一条“纵向”线。班主任在班级发展整体规划的基础上，根据学生身心发展特点，综合考虑班级活动长期设计，推动活动向纵深发展，以此推动班级活动的系列化、深入化。

案例

班主任为培养学生爱国之情，设计如下系列活动。

年级	教育内容	活动类型		
		点（零散）	线（系统）	面（综合）
高一	人文情怀、国家认同	①“春华秋实，勿忘师恩”主题班会 ②志愿服务主题活动	①励志课程 ②爱国主义教育月系列活动	①故宫博识活动 ②共建流动图书角活动 ③传统文化节

续表

年级	教育内容	活动类型		
		点（零散）	线（系统）	面（综合）
高二	人文积淀、社会责任	③“人人为我，我为人人”学生讲堂 ④“行走在路上的文明素养”主题活动	③“古代字画”“绝美戏曲”“陶瓷美学”主题艺术赏析	④西藏中学帮扶活动 ⑤节日文化传承活动
高三	社会责任、国际理解	⑤成人礼 ⑥“别父母之邦，兴祖国之昌”主题班会	④“传家风，报国恩”主题班会 ⑤家长职业讲坛	⑥鼓楼胡同文化实践 ⑦非物质文化遗产传统文化课程

（首都师范大学附属中学　胡月）

在活动中，班主任要注重把对学生思想、品德和人生观、价值观等的引导放在首位，把促进学生的精神成长和生命成长贯穿在所有活动中。

5. 价值观教育的策略

当前，随着民主化思想的普及，越来越多班主任推行班级民主建设，如在班级中调动学生积极参与班级建设、民主制定班规、民主表达想法。但在现实中，班主任也会遇到价值观冲突事件，这些价值观冲突事件会给班主任管理班级带来一些困惑和挑战。

随着互联网的快速发展，学生思想越来越多元、开放，对一些事件的认识表现出与成人不一样的地方，有其独特性，但有些学生思想不够成熟，认识容易走向偏激。同时，由于学生走在时代前沿，接受新思想比成人快，对一些事件的认识也容易突破传统观点，很多时候甚至前卫于成人。因此，必然会出现一些师生价值观冲突的事件。为此，对学生开展价值观教育，就是班主任必备的技能。

案例

网络短视频正大量占据学生的课余时间和注意力，作为教师，怎样才能引导学生正确看待并使用网络短视频呢？班主任选择了“借力打力”。班主任看不到每名学生观看的网络短视频内容，但可以通过网络短视频平台帮助他们逐步建立私人数据库，引导他们多关注内容有趣且正面积极的网络短视频。于是，班主任给学生留了一个任务：“下周班会课上，每组都要推荐一个你们小组最喜欢的‘新华网’账号发布的短视频，到时候我们看看哪个小组推荐的短视频既有趣又有意义！”随后两周，向学生推荐两个内容优质且具有趣味性的短视频账号，如“人民网”“中国国家地理频道”等，并让他们每天至少点赞5个推荐账号的短视频。慢慢地，每个学生都能在网络短视频平台上建立起自己独有而健康的数据库。①

在上面案例中，班主任发现学生沉迷看网络短视频。为此，班主任选择“借力打力”的方式，帮助学生建立自己的网络短视频数据库，不仅让学生关注了积极正面的账号，而且让学生积累了很多素材，一举两得。

案例

班主任得知小洁想当“网红”，于是给小洁安排了3个调查任务：“网红的一天”“网红的运作”“网红的生存”。调查历时一个多月。首先，小洁完成了第一个调查任务，详细地记录了“网红”的作息时间表，了解到大部分“网红”每天的真实生活，认识到“网红”的工作强度很高，开始明白“网红”背后的付出。然后，小洁完成了第二个调查任务，形成调查报告，了解到从“素人”到“网红”的全过程，认识到打造“网红”的系列工作仅靠个人之力是很难完成的。最后，小洁完成了第三个调查任务，了解到“网红”的生存状态是“三高”——素质要求高、流失率高、风险高。3个调查任务，让小洁全面了解了“网红”的真实生存状态。②

“网红”是新时期出现的新事物，学生有想当“网红”的想法是很正常的事情，关键是如何让学生科学认识“网红”和认识自己作为学生的角色。面对学生的想法，班主任通过“小课题”研究的方式，引导学生基于事实进行科学分析，科学认识和评估当“网红”的现实可能性，给学生自己解决问题的机会。

---

① 王聪．帮学生建立健康积极的短视频“数据库”［J］．班主任，2020（11）：57．

② 钟友明．三份特殊的“调查报告”［J］．班主任，2020（4）：47-48．

案例

针对学生想当“网红”的话题，班主任组织了一场班级辩论赛。正方观点是“高中生可以当‘网红’”，反方观点是“高中生不可以当‘网红’”。第一轮辩论主要围绕“网红”的好与坏展开，正方观点是“‘网红’具有正能量，所以高中生可以当‘网红’”；反方观点是“‘网红’充满负能量，所以高中生不能当‘网红’”。第一轮辩论结束后，投票结果是正方获得16票，反方获得15票，中立15票。班主任授意主持人请投中立票的学生发言。第二轮辩论围绕“高中生是否适合当‘网红’”展开，正方观点是“高中生适合当‘网红’”，反方观点是“高中生不适合当‘网红’”。第二轮辩论结束后，投票结果为正方获得31票，反方获得12票，中立3票。班主任授意主持人请投票给正方的学生发言。有学生说：“我们非常赞同正方三辩的观点，‘校园网红’和‘网粉’都是学生，网也限制在校园内，安全、可控、可靠，可以说已经过滤掉可能产生的负能量，我们可以合理安排学习和娱乐时间，用‘网红’的正能量促进高中生的健康发展。”①

同样是面对学生对新事物的追捧，班主任组织了学生辩论赛，让学生充分搜集论据、展开辩论，辩论的过程就是学生厘清观点的过程，代替了班主任的说教，是学生用科学方法解决问题的过程。

（三）回到策略与理念之间的一致性

理念引领策略，策略反映理念。班主任的育人理念是自然而然体现在自己的带班育人策略之中的。班主任眼中有学生、班主任真正爱每一个学生，并不简单体现在班主任说“我热爱每一个学生”这样一句话，而是体现在每一个教育细节中。在班主任经验总结中，也是一样的道理。班主任有怎样的教育理念，固然需要班主任用清晰的观点进行表达，但班主任仅仅是套用一个理念还是这种理念刻在了骨子里，需要借助班主任相应的育人策略才能看出来。

---

① 李威．抉择：高中生能做“网红”吗［J］．班主任，2020（4）：51-53.

经验总结的过程是班主任反思、追问自身教育理念的过程，就是把教育行为与教育理念进行一一对标的过程，也是在总结与反思中不断修正理念与行为、找到“最佳的我”的过程。

在实践中，班主任不足的地方恰恰是理念与策略之间的不一致性。比如，理念上阐述自己以生为本、人文带班，但在班级管理中却“分分要命”，把学生的行为都用分数“标码”，甚至学生生病迟到都要被扣分；理念上阐述自己着重培养学生的核心能力，但在实际上却包办大部分事情，没有为学生搭建各种平台。

那么，什么是理念与策略之间的一致性呢？我们以下面案例进行分析。

案例

班主任关注每一个学生

针对低年级学生，我要搭建暖心教室，目的是让每一个学生都能感受到被班主任“关注”，每一个学生都能被“看到”。

策略一：神秘抽签“筒”

为了让每个学生都能与我建立沟通的桥梁，我专门做了一个抽签筒。它能提醒我要对每一个学生现阶段的情况有详细的了解，不遗留任何一个学生。第一步，制签抽签：我将每个学生的学号制作成签，每日早晨从中悄悄抽出5个学生。第二步，观察记录：这一天详细观察这5个学生的状态，从课上表现到课间交友活动等，并做记录。第三步，解决反馈：及时对这5个学生好的地方进行表扬，对需要他们调整的地方想好策略，等待解决的机会。每个学生都会在5个工作日的循环里，被老师重点关注。因为抽签具有随机性，学生不会感觉老师在有意关注他，只会感受到来自老师的欣赏与鼓励。

策略二：每周荐展“墙”

为了让每个学生都能在班级中建立起自信心，我为他们设计了个人展示的活动，为他们量身定制为期一周的展览。这个活动既能让学生懂得欣赏自己，也让他们学会欣赏别人。

策略三：梦想成真“瓶”

我带动学生结合自己的情况确定本学期目标，并为了激励他们努力进取，达成自己的目标，开展“梦想成真”计划。第一步，挂愿望瓶：学生将自己的学期目标和实现学期目标后想获得的奖励写在纸上，放入班级愿望瓶里。第二步，实现目标：在每周班会课上交流学期目标的实现进度。第三步，兑换奖励：学生写下想要的奖励，达成目标的学生会在某一天悄然得到。学生努力达成学期目标，其间我也会为他们获得奖励助力。

策略四：人人都有“奖”

举行人人有奖的“因人设奖”活动，给每一个学生颁发属于自己闪光点的奖状，让每个学生看到自己的优点，在被欣赏和被认可中生发自信。开始的时候，我根据自己的观察与了解给学生定奖项，后来为了加深学生之间的情感联结，让学生学会相互欣赏，我开始让学生互相找优点。以1号学生为例，第一步，同学找优点。从1号学生开始，引导其他学生说出1号学生的优点，并结合优点拟定奖项的名字。第二步，自己选优点。让1号学生从同学说出的优点中，自己选择一个最喜欢的优点并定下优点的名字。最后，所有学生都会得到属于自己的奖项。

（北京大学附属小学　邱平）

这个案例体现了理念与策略的一致性。邱老师在开头表达了“关注每一个学生”“认可每一个学生”“让每一个学生都精彩”的理念，案例中的每一个做法都深刻体现了这些理念。在“神秘抽签‘筒’”策略中，班主任通过随机抽签，确保每个学生都能被关注到；在“每周荐展‘墙’”策略中，每个学生只要愿意，就可以把自己最擅长的一面展示给同学，让同学之间相互了解；在“梦想成真‘瓶’”策略中，班主任能够看到每个学生的梦想并带领学生追梦，让每个学生的成长“可视化”；在“人人都有‘奖’”策略中，让每个学生都能看到同学，让每个学生都能被同学看到，并且不同学生之间针对优点开展交流，帮助学生树立自信，更好地认识自己和同学。

综上所述，在每个策略中，我们都能感受到班主任的人文情怀，感受到每个学生在班级中的安全感、被信任感、被支持感。

经验型班主任最大的财富是通过反思自身的实践并从自身的经验中学到实践性知识。这些实践性知识构成了班主任思考和解决问题的认识和思维模式，使得班主任面对班级问题时能有更好的随机应变能力、解决问题的教育智慧和较强的认识自我的能力。但经验型班主任也有自身的不足和提升空间，主要表现在实践性知识缺乏系统性、对实践性知识缺乏反思能力、缺乏经验与理论的连接能力等。

在中小学，班主任是很重要的工作岗位，很多新任教师刚刚上岗就要承担班主任工作。但绝大多数教师在大学里没有系统地学过有关班主任的课程，面对一个班级的管理和建设，不知道从何处入手。虽然经过多年的工作积累，资深班主任基本能“从容”应对班级问题，但更多停留在“一事一解决”层面，缺乏对班主任工作的整体思考，寻找不到能把杂乱工作梳理起来的“主线”，缺乏工作架构意识。经验型班主任虽然积累了解决问题的诸多“招数”，但多是班主任工作的个别经验和特殊案例，呈点状、散乱的态势。以上这些问题都说明班主任对工作缺乏系统认识，缺乏把自身积累的实践性知识进行归类的脚手架。

经验总结有助于班主任把实践性知识系统化、理性化、概括化，为自身专业成长奠定基础。常态化的经验总结也是有效的研修载体。

第五章

基于工作坊开展研修

一、什么是工作坊

2006年，《教育部关于进一步加强中小学班主任工作的意见》提出，“各级教育行政部门应将中小学班主任培训纳入教师全员培训计划，学校也应制订班主任培训计划，有组织地开展岗前和岗位培训”。为了落实文件要求，教育部制定《全国中小学班主任培训计划》并指出，“从2006年12月起，建立中小学班主任岗位培训制度。今后凡担任中小学班主任的教师，在上岗前或上岗后半年时间内均需接受不少于30学时的专题培训”，教育部“依托全国教师网联相关网络平台开展中小学班主任远程培训”，建立省、市、县、校培训体系。2007年，教育部设立班主任国培项目，组织全国万名班主任远程培训。至此，建立了国家、省、市、县、校五级班主任培训体系。

21世纪初，除了行政牵头、有组织的培训外，以学校为阵地、以本校班主任为主体自主开展的校本研修也开始了探索。自古以来，传帮带、师带徒是班主任成长的基本方式，这种方式依赖徒弟的观察与师傅的点拨，主要依靠徒弟自主完成对知识与技能的理解、接受和运用，缺少与更多主体的对话，是相对封闭的一种学习模式。随着学习圈理论、共同体理论、团体辅导理论等的兴起，人们逐渐认识到班主任专业成长的速度不仅取决于班主任自身的努力程度，还取决于个体与个体之间的相互沟通、借鉴及个人反思的成效，群体学习能使个体学习优势最大化，其不仅能拓宽个体的视野，而且能改变个体思考问题的角度和方式，因此，工作坊（有的学校也称“工作室”）逐渐兴起。

学校工作坊的特点和优势是依托学校，即使广东省、浙江省、河南省成立了省级班主任工作室，也按照属地管理、服务学校的原则，由当地教育行政部门和所在学校进行管理，上级部门更多承担审批、审核工作。高等院校支持或参与的班主任工作坊也都落在学校，在专家支持下开展基于校本的研修。

二、工作坊的基本定位

既然国家建立了一套体系严密、制度完善、从上至下的班主任培训体系，为什么学校还要建立以校为本的班主任工作坊？其初衷是什么？只有明确初衷，才能守正出新。

（一）弥补培训内容不适切

随着五级班主任培训体系的建立和信息技术的发展，越来越多线下和线上课程资源不断被开发与完善，班主任的学习课程选择权获得了更大的尊重。相较于以往课程资源的缺乏，当下最丰富的反而是课程资源。然而，为什么课程资源多了，培训效果却不尽人意，甚至出现了培训由“福利”变“负担”的现象？原因可能是培训课程不能解班主任的燃眉之急，班主任习得的是外在于自身的知识，这些知识不能转化为班主任的实践举措，不能给班主任带来实现质变的专业发展。

近五成班主任表示目前所在学校的培训流于形式①，“培训方式、方法单一”“课程设计针对性不强”“培训内容理论性强，脱离实际”是目前班主任培训中最突出的三个问题②。非校本培训是培训者按照班主任一般情况来设计的课程，不能照顾到学校、班主任的差异，不能满足班主任的研修需求。学校、班级和班主任的差异是客观存在的，班级和学生的情况又是时刻变化的，以工作坊为载体的校本研修能够有效弥补国家培训、地方培训等不符合部分班主任培训需求、不接地气的不足，解决班主任当下的困惑，促进班主任的持续发展。

（二）弥补培训方式缺情境

尽管当下培训专家的授课内容做了很大的改进，能够结合案例进行讲解，但从看懂他人的案例到理解自身的案例，中间也需要班主任具备相应的能力。在实践中，笔者发现，班主任结合他人的案例进行分析与结合自己的案例进行分析，效果是不同的。非校本培训难以与本校班主任遇到的问题情境相结合，是相对抽象的学习。以工作坊为载体的校本研修能够弥补此不足，把培训内容与班主任遇到的困境相结合，班主任能在解决具体问题的情境中完成学习目标。

（三）弥补培训主体缺参与

事实上，绝大部分班主任都有参与培训的意愿，“95.9%的班主任表示愿意主动

---

① 公伟美，刘进哲，胡楠．义务教育阶段班主任工作现实困境与优化对策的实证研究［J］．教育探索，2023（8）：30-34.

② 吕洪刚，梁银妹．新时代中小学班主任专业发展驱动力调查——基于广东省21地市的实证研究［J］．教育科学研究，2021（4）：44-49.

参加培训”，“班主任对于不增加工作负担、能够解决工作中遇到的实际问题的培训普遍持接受和欢迎的态度，对于校本研修是学校的一种研究制度而脱节实践和在线形式的网络培训还存在一定的抵触情绪”①。培训实践性弱、以在线的形式举办、不能解决问题，归根到底是班主任在培训中参与不进去、参与性不强的问题。培训内容脱离实际使班主任游离于培训之外，导致培训低效。如果说国家培训、地方培训还因为有研修学分的要求而带有一定的制度性与强制性，那么，校本研修应是班主任自发的聚集，是因在一起能获得成长与快乐、同伴之间因默契而约定的一种研修范式。“教师的哭与笑、愤怒与抱怨、成长与放弃……所有这些自然真实的存在状态就是班主任工作坊的主题与内容。”②工作坊虽因制度性需要有主持人、研修制度、评价体系，但本质上，工作坊研修应是班主任主动生发、自主自治的非制度化要求的研修，工作坊是班主任因需求而自觉聚集在一起的群体。

就班主任喜欢的培训方式而言，平均综合得分排在前三位的分别是“校本培训”“县级培训”“国家、省、市级高端培训”；就班主任喜欢的培训模式而言，平均综合得分排在前三位的分别是“知名一线班主任经验交流”“教育实践考察、跟岗”和“老教师一对一传帮带”。③综上所述，工作坊具备班主任喜欢的研修方式的特质。

三、激活工作坊研修活力的5个“基点”

在实践中，笔者发现以班主任工作坊为代表的草根式研修组织如星星之火，开辟了校本研修的另外一片天地，在改变班主任的自我成长状态、班主任群体交往范式和推动学校组织变革方面发挥着独特的作用。

在行政力量主导的校本研修中，班主任会习惯性地按照自上而下的命令，单向垂直式参加研修活动，自身的能量没有被激活，班主任专业权威没有被尊重。校本

---

① 吕洪刚，梁银妹．新时代中小学班主任专业发展驱动力调查——基于广东省21地市的实证研究［J］．教育科学研究，2021（4）：44-49.

② 李伟，鲁帅，吴莎莎．工作坊：班主任教师专业发展新模式［J］．中小学德育，2013（10）：20-24.

③ 吕洪刚，梁银妹．新时代中小学班主任专业发展驱动力调查——基于广东省21地市的实证研究［J］．教育科学研究，2021（4）：44-49.

研修是草根型教育研究，是“扎根于基层学校自身生存与发展的‘土壤’，具有自身鲜明特征的‘本土化’‘本校化’的研究，……具有非凡的扎根能力和旺盛的生命活力”[①]。扎根和激发生命活力的关键在于班主任的参与状态。班主任是否有参与兴趣，关键在于研修问题是否为自己关切的、参与的方式是否适合自己、参与能否改善实践，即借助研修能否围绕自身问题开展日常叙事和实践改革研究。笔者发现，在以专业力量为主导的校本研修中，问题、学生、班主任、实践、结伴是激活班主任校本研修活力的5个“基点”。

（一）基于问题激活动力

班主任专业性体现在日常工作实践中，是班主任对教育政策的个人化理解、阐释并付诸行动，能够借助教育实践中的各种问题呈现出来。问题是班主任研修的载体，是激活班主任专业成长的媒介。围绕班主任提出的问题寻求解决策略，使“策略产品”满足班主任的需求是工作坊的运作方式。问题具有真实性，能激发班主任的兴趣，同时带动班主任把理论学习、经验学习与问题解决结合起来。

在实践中，基于问题开展深度研修主要表现在以下几个方面：第一，用问题带动文献学习。要解决问题，就要认识和理解问题，为此，理论学习是必不可少的环节。班主任围绕问题开展专业阅读、分享阅读感受、结合阅读分析现实问题成为工作坊普遍的工作方式。第二，用问题带动合作学习。问题使工作坊成员形成聚力。工作坊定期举行分享交流会，围绕工作中的重点问题，班主任畅所欲言，共同寻求解决办法。第三，用问题带动反思学习。反思是班主任持续发展的动力，研修最大的价值在于能够提升班主任的反思能力，使班主任透过现象认识问题本质。问题的表面是现象，问题的背后是本质，反思是透过现象触及本质的利器。个人反思与集体反思相结合，更能提高反思的质量。第四，用问题带动行动变革。围绕某个问题，班主任在实践中进行变革，总结有效经验，找到问题的破解之道。问题意识、问题思维、解决问题的动力是激活班主任内在成长的源动力。“有意义、有意思的课间活动如何设计”“厕所文化意味着什么，如何解决”都能基于问题、解决问题，带领班主任思考教育本质。

① 彭钢. 校本研究：基本规范与价值取向［J］. 教育研究，2004（7）：84-88.

（二）基于学生激活反思

学生是教育的起点和终点。班主任提高教育教学实效、降低问题发生的概率、有效解决问题的关键是与学生建立良好的关系，学会站在学生视角理解问题。由于班主任角色自带权威性且班级建立的系列制度具有一定的强制性，这些权威性和强制性等往往会成为导致师生关系不良、教育教学低效的诱因，再加上成人固化的思维，共同组成班主任成长的“盲区”。要扫除“盲区”，就需要学生助力，站在学生视角进行教育教学反思自然成为班主任成长的第一利器。

在实践中，以优秀班主任为引领的工作坊开展了系列活动。有的工作坊开展“讲述我的校园成长故事”活动，通过讲述自己学生时期的糗事等，分析和体悟学生心理；有的工作坊开展戏剧体验活动，把教育事件转换成教育戏剧，让班主任在角色体验中重塑学生观；有的工作坊开展“讲述我的专业成长故事”活动，通过班主任分享自己作为班主任的成长历程，尤其是学生给自己带来的成长冲击，来纠正成人建构的错误学生观。

这种研修方式有助于班主任打破成人视角、回归学生视角，从学生的眼光、体验和感受来反思自己实施的教育策略，能够帮助自身打破“我是对的”的思维定式，增加建立“我可能是错的”的思维的勇气，敢于自我批判，在不断变化的学情和个性不一的学生个体的反推式互动中，促使自我不断更新。

（三）基于班主任激活经验

叙事本身就是一种研究范式。“对于一线班主任而言，通过讲述故事，自己也能够获得对教育教学的理解，这些理解可视为叙事性知识。”[①]讲述的故事以文字形式呈现就是教育故事、教育随笔、教育案例。“班主任的案例研究是班主任通过叙事方式来反思和改进自身教育教学实践的研究。”[②]

在实践中，以名师为引领的工作坊基于班主任经验开展研修，进而激活班主任的知识与技能，主要有以下3种模式：第一种是班主任进行个体叙事反思。班主任通过撰写教育案例对工作中的成败得失进行思考与总结。第二种是在个体叙事基础上

---

① 周钧，张华军．叙事与教师专业发展——基于教育叙事、叙事研究及叙事探究的概念辨析［J］．中国教育学刊，2022（11）：84-89.

② 张肇丰．试说教师的案例研究［J］．课程·教材·教法，2004（8）：64-69.

进行研究性对话。工作坊抛出主题，班主任群体提供叙事案例，围绕案例中反映的本质性问题进行提炼与升华。第三种是在个体叙事基础上进行分类研修。案例背后是主题，围绕不同主题开展案例叙事，推动研修的系列化。

基于案例开展研修，可以助力班主任对自身专业水平开展多元扫描，从小我走向大我，从浅层走向深层，从隐性走向显性，从分割走向完整，从常态走向创新。[①]正如在研修过程中班主任所感悟的，叙事、反思、写作使人从抱怨者变成有思想的人，因为反思与写作可以促使班主任进行更多的思考，思考为什么不满、是什么原因导致不满、该怎么办等。在这个过程中，班主任需要阅读大量书籍，进而激发更多的思考，促进自己发生内生式成长。

（四）基于实践激活循证

校本研修最大的优势是有教育现场，具有开展循证研究的优势。循证即以证据为基础，循证研修的一个循环的基本模式是“明确问题—理论学习—提出对策—实施对策—效果评估”。循证研究符合校本研修的特征，也是推动校本研修真正落到实处的举措。在循证研究中，问题不仅来源于班主任的困惑，而且带动了班主任对相关理论和实践经验进行学习，同时，带动班主任进行实践变革，真正实现学有所用，达到校本研修在致力于问题解决中促进班主任专业素养提高的初衷。

在实践中，工作坊针对现阶段出现的各种问题进行探讨，共同寻找解决办法，并以此指导实践，“行”和“知”保持动态平衡；工作坊针对班主任工作中的突出问题，通过学习、实践、反思促进班主任成长。“证据支持从班主任专业资本取向把班主任推向专业化、有尊严，证据支持会提高班主任专业资本，增加班主任群体的尊严。……班主任如何反思自己的行动是否合目的、合规律？这需要求诸证据，否则就是想象力的比较。……具有持续发展专业资本意愿的班主任，其教学决策必须是数据驱动和证据支持的。”[②]

工作坊为不同经验与背景、不同年龄的群体构建了多样的学习环境，问题、学生、班主任、实践都是学校蕴含的因素，都是班主任在日常工作中能够盘活的资

---

① 李秀萍，赵福江．案例教研助推班主任研修范式的变革［J］．中国教师，2023（3）：80-84.

② 秦玉友．专业资本：重新理解教师与教学实践［J］．教育研究与实验，2020（1）：59-63.

源，为此，学校可以基于这些资源开展多元综合的研修，有利于促进班主任的认知发展，而且能提高班主任的元认知能力和调动班主任的积极情绪、动机等，从班主任内部激活成长动力，推动班主任不断学习、不断进步。

（五）基于结伴激活同伴

在行政主导的研修体系中，师带徒的班主任成长模式、老班主任经验丰富的事实、时间以及赋予老班主任的文化和权力资本，使老班主任在校本研修中或隐或现地获得了话语霸权，使没有话语权威的班主任尤其是年轻班主任失去了发挥自身素养的机会，这样金字塔式的班主任层级固化不利于营造班主任平等的对话氛围，使班主任之间的学习停留在由“权威”向“非权威”的单向传递上，不能让班主任之间形成“流体”。

“共生就是共生单元之间在一定的共生环境中按某种共生模式而形成的生态关系。”[①]“合作者在共生的样态下，彼此间提供群体生存的帮助，体现出个体或群体相互依存、协同合作和互惠共生的生态特质，协同适应和应对复杂多变的生存环境。”[②]以优秀班主任引领的工作室打破旧权威，使研修群体走向“共享领导”。共享领导意味着社群成员依靠专业知识和技能在群体中形成人际影响力，成为群体的领导者，促进成员的发展和提升。[③]工作坊认可每位班主任都有专业擅长，进而推动前喻文化、并喻文化、后喻文化在研修组织中共存。

在实践中，工作坊主要通过以下模式推动班主任共生成长。第一，以“问题”结伴。工作坊在统计班主任的问题后，把关注同类问题的班主任再次组成研修共同体，在“总—分—总”结构的推动下，使研修共同体之间相得益彰，任何班主任都有可能在不同群体中成为师父，师父也有可能成为徒弟。工作坊能够看到不同阶段班主任的独有优势，让他们在不同的参与方式中获得提升。如以经验分享的形式让优秀班主任发挥引领作用，以沙龙的形式让中青年班主任在参与问题讨论中获得提升。第二，以“人”结伴。为了更好地发挥学校优秀班主任的资源，有的学校让获

---

① 袁纯清．共生理论：兼论小型经济［M］．北京：经济科学出版社，1998：9.

② 赵敏，蔺海沣．校本教研共同体建构：从“共存”走向“共生”［J］．教育研究，2016（12）：112-119.

③ 操太圣，乔雪峰．理想与现实：教研组作为专业学习社群的批判反思［J］．全球教育展望，2013（12）：51-59.

得相关荣誉、专业能力强的班主任分别成立研修组，这些班主任以自己的长处带领团队，研修组之间定期交流，使更多的优秀班主任发挥引领作用。如擅长家校沟通的班主任成立家校协同共育研修组，擅长发挥学生个性的班主任成立适性扬才研修组。第三，以“成长阶段”结伴。工作坊在分析不同阶段班主任的发展瓶颈后，按成长阶段帮助班主任结伴，并向结对班主任提供针对性支持，如针对新班主任，通过“新班主任的N个第一次”等系列课程的学习，助力新班主任工作上手；针对青年班主任，通过分析青年班主任的教育教学优势，助力青年班主任形成教育教学特色；针对成熟班主任，通过育人思想的提炼，助力成熟班主任追求卓越，形成自己的教育教学思想。在本模式下，不同发展阶段的班主任既有突破重点，又能发挥自身优势，相互之间还可以达到很好的互补。

“许多学员班主任在与名师的交往过程中，感受到名师启发式交流沟通模式对自己自主发展能力的提升，于是在自己带徒弟或与其他班主任进行专业交往时，也注重采取平等的沟通方式，注重启发式引导，强调班主任自己思考、理解和做出决策，推动其他班主任进行自主思考，避免过度推动形成霸权，客观上有助于构建平等的班主任学习文化，推动班主任形成自主决策的意识。”[①]可以看出，工作坊提高了每个班主任独立自主学习和成长的能力，每位班主任都可以成为独立的学习者，也可以成为独立的领导者，可以在不同的研修群体中多元变换角色，班主任个体与班主任个体之间、班主任群体与班主任群体之间、班主任个体与班主任群体之间、本校班主任与他校班主任之间可以形成积极健康的“循环”。每位班主任对研修组织有积极的责任感和使命感，为推动研修进展发挥积极作用。

四、激活班主任成长的4个“关键点”

班主任是校本研修的主体，因此，通过课程内容和培训方式的设计激发班主任已有的经验体系，使其把原有的内在知识体系与外在的课程体系进行衔接，是确保工作坊研修有实效的关键。

---

① 曾艳. 基于区域性名师工作室的教师专业资本流动与扩散［J］. 教育发展研究，2017（24）：8-13.

（一）挖掘“成长点”

班主任的实践经验中蕴含着丰富的成长因子，是个体成长的有力支撑。研修要激发班主任的学习意识，必须调动班主任的原始成长经验。在挖掘班主任原始成长经验中，可以从发现班主任的专业“成长点”入手。

“成长点”依据时间脉络勾勒了班主任专业成长与进步的过程，通过一些自我或他人成长的关键事件、处理教育教学问题策略差异等来阐述自己或他人如何从新手成长为熟手乃至专家。班主任个人成长史隐藏着班主任对一些问题的理解和处理的变化历程，这个变化历程既是实践智慧的增长，更是对教育内涵领悟的提升，蕴含着丰富的教育资源。其中，最珍贵的研修内容是班主任解决问题背后的思维差异。下面案例是某班主任在家校沟通方式变革上的个人成长史。

案例

刚开始采用表格（要素有学生姓名，学生在校表现、在家表现，需要学校给予的帮助，班主任寄语）的形式与家长沟通，后来发现这种方式过于死板，难以激起学生和家长持续关注的兴趣，并且一张表格仅能反映一个学生的信息，不足以让家长了解班级情况。为此，我转变为每周给全体学生写一封信，在信中提及所有学生的名字，表扬所有学生的进步，让家长既能生动了解每个学生在校的生活状态，还能彼此学习，同时也“逼迫”我每天更细致地观察学生的变化与成长，增进师生情感。

上面案例中的班主任从单一信息视角转变成多元生活视角进行沟通就是其在家校沟通过程中的思维变化，也蕴含了全面发展教育理论、生活教育理论和人本主义思想等。这个“成长点”既阐述了家校沟通的具体策略，更把家校沟通内容的本质——把学生作为全面发展的人进行了显性的呈现。

工作坊善于发现每一位班主任的专业素养“成长点”，挖掘专业素养“成长点”背后的教育理念“成长点”，将会极大地促进班主任的成长。

（二）挖掘“困惑点”

与班主任在“成长点”中能够看清自己的问题相比，在“困惑点”中，班主任往往看不清问题症结所在。很多时候，人们容易看清他人，却很难看清自己，不易对自己熟悉且“成功”的经验进行反思甚至批判。如对于小学低年级学生的课堂纪律如何维护的问题，很多班主任认为必须用吼的方式，用诸如“不好好听课就出去”“这个班不要你了”“大家不喜欢你”等类似恐吓的语言“镇住”学生。这些方法显然不符合教育规律，没有遵循学生的成长特点，但却因有立竿见影的效果而备受班主任推崇。因此，借助案例中的“困惑点”让班主任理解制度的管理和教育的双重价值就非常重要。

在“困惑点”的呈现中，研修员可以帮助班主任截取关键片段，通过展现不同片段之间的联系，引导班主任分析解决问题背后隐藏的教育认知、技能和情感。

案例

研修员观察到某班主任采取的管理制度存在一些问题，根据班主任的阐述截取了案例的关键片段：（1）实施班级卫生小组负责制。假如这个小组值日卫生被扣分，那么这个小组就一直值日，直到不被扣分为止。这个方法遭到了小组的反对，因为小组会因个别学生受到“株连”，大家认为这对小组不公平。（2）将班级卫生小组负责制改成个人负责制。如果因为某同学没有尽到自己的岗位职责而被扣分，那么这位同学就要连续值日一周。但这个政策在实施过程中也遇到了一些困难，偶尔会发生重复值日或者忘记值日的情况。（3）将班级卫生个人负责制改成组长负责制。组长负责提醒每一个组员做好自己的值日，直到每一个组员都做好为止。这个方法取得了短暂的效果，但也出现了值日生抱怨同学不珍惜值日生劳动成果、值日生不肯为班级卫生扣分负责的情况。研修员通过分析3个片段中的管理制度，让班主任认识到自己对制度本质理解出现了问题，没有理解制度的人文性、价值性和育人性，没有通过制度调动学生内心向上的力量，而是把制度简单看作管理工具。

不管是“成长点”还是“困惑点”的实践经验，都能帮助班主任觉察经验背后的思维路径，进一步探索当下自我认知与过去经验之间的关系，对自己形成客观、理性的评判、理解与接纳。

（三）挖掘“对比点”

如果说“成长点”和“困惑点”是一事一议，那么，“对比点”则是多事一议。对相同主题、不同做法的案例分析，旨在分析多元方法背后共同的教育思维方式，解决班主任认为“那是别人的方法，我们学生不适合”的问题。同时，班主任在与有着相似经验的学习者进行对话的过程中能促使自身对此问题形成深刻理解，提高自身行动力。围绕研修主题，研修员可以鼓励班主任从不同视角寻找不同的案例。

在案例交流过程中，研修员要引导班主任不能把案例分析定位为解决此类问题的一个策略，而要透过案例分析教育规律及其要素。在研修时，研修员不能着眼于班主任当下解决问题之需，而要综合考虑班主任的实然需求与应然需求、近期需求与长远需求、解决问题需求与专业发展需求。从一定意义上说，案例本身满足了班主任的实然需求、近期需求和解决问题需求，案例选择和案例分析则要满足班主任的应然需求、长远需求和专业发展需求。

案例

班级环境布置是班级文化建设中的一项内容。通过研修，研修员要让班主任理解班级环境布置如何与班级精神结合起来。因此，研修员要从班级精神解读、环境布置策略和二者结合路径3个要素确定不同的案例：以培养学生创造性为主题发挥教室环境育人价值的案例，以提高学生交往能力为目标设计教室空间布置的案例，以团结、友善、合作为班级核心价值观对环境进行布置的案例。这3个案例体现的班级精神不同，关注的视角不同，但都解决了环境布置如何体现班级精神的问题。

研修员通过3个不同的案例，让班主任在比较与综合分析中理解环境与文化之间的关系，理解以学生为本的教育本质。

正如一位班主任的研修感悟所言：“解决问题时把自己当学生，教育引导时把自己当班主任。”这道出了教育“站在孩子角度思考问题，站在成人角度教育引导”的真理。

（四）挖掘“理论点”

只有在理论指导下的实践才有效且具有持久发展性。但很多班主任认为理论话语体系离自己很远，理论很理想，却解决不了自己实践遇到的问题。就好像有的班主任刚工作时，把心目中美好的卢梭的自然教育理论用于指导自己的教育实践，却差点被学生赶出教室。那么，如何借助理论使班主任形成科学的思维模式？我们可以通过下面案例进行分析。

案例

班主任在教育教学过程中经常会遇到师生之间或者生生之间的价值冲突事件，大家各抒己见，班主任不知如何引导。这需要班主任理解和运用价值冲突理论。

一个学生获得了学校出国交流的名额，可是临行前，这个学生突然说妈妈不同意去，所以放弃。班主任批评他浪费名额，但这个学生坚决认为听妈妈的话是首位，并不觉得这件事中自己有什么不对和需要道歉的地方。结合这个案例，专家为班主任讲解了“价值正当性之间的冲突”，即当一种正当（听妈妈的话）与另一种正当（考虑集体利益）冲突的时候应该怎么办。在这个理论中，正当性立场包括个人立场、他人立场、社会立场、国家立场、人类立场。有时候，站在个人立场解决这个问题是对的，但站在他人立场解决这个问题就是错的；有时候，站在一个国家立场解决这个问题是正当的，站在人类立场解决这个问题就是不对的。为此，判断一件事的对错应该选择更大范围的立场。借助班主任提供的案例，专家把理论很好地融入了现实；借助专家提供的理论，班主任不仅解答了自己的困惑，也习得了技能，若今后班级再出现类似的价值或行为冲突，可以借用此理论进行解决。

基于实践经验的理论分析，旨在促进班主任在对经验梳理的基础上，“发现”规律、习得理论，而不是被动、直接接受理论。同时，因为有经验的连接，外在的理论与班主任认识结构中适当概念建立非人为的、实质性的联系，所习得的理论是鲜活的、有用的，能使班主任思维清晰化。

五、工作坊研修存在的问题

工作坊的本意是师带徒式的作坊，班主任工作坊演绎出以下几个核心要点：第一，在目标上，成员目标一致，通过学习、探讨与行动，形成某个“产品”，此“产品”一定能解班主任之惑；第二，在内容上，对班主任迫切需要解决的问题进行攻关；第三，在过程上，基于班级开展行动研究，使成员在“做”中习得技能，以“产品”检验成效；第四，在场域上，打通研修场域与实践场域，使研修与实践相互促进。从一定意义上讲，校本研修是围绕问题开展的研究。但在实践中，“围绕谁的问题进行研究”“围绕哪些问题开展研究”“如何围绕问题开展研究”“问题研究的指向在哪里”往往会出现理解和实践偏差。

在班主任集体研修过程中，“问题”贯穿其中，体现在研修目标、研修内容、研修过程及研修场域等方面。在借助“问题”推动班主任高质量研修的实践中，存在以下偏离。

（一）研修目标不聚焦

借助问题开展研修的目标是什么？即时目标是解决班主任眼前遇到的问题，长远目标是借助问题及其解决策略提升班主任的认知、技能、情感态度、价值观、思维方式等。在实践中，研修团队在确定研修目标时没有把问题属性、班主任素养、社会发展结合起来进行定位，导致研修目标的深度、广度、聚焦度上都存在不足。第一，在深度上，不能基于社会时代性和未来发展、班主任核心素养来整体设计问题，不能引领班主任超越问题表象和问题解决策略来理解问题背后的本质，导致班主任无法与原有实践经验和大脑中的知识体系建立连接、研修无法入情入境，不能促进班主任深度发展；第二，在广度上，即时目标呈现散点状态，班主任借助案例或者问题情境呈现出很多问题，但问题没有形成“研究块”，不能借助问题群形成促进自身专业成长的“组合拳”，不能借助问题促使大脑形成认知网络；第三，在聚焦度上，没有把影响问题生成和影响班主任发展的多元要素落在一个焦点上，目标表述空泛、散乱，如设定研修目标为“提高班主任的问题解决能力”“促进班主任共同成长”“提高班主任的育人能力”，没有明确聚焦的目标不利于班主任基于具体问题进行深度学习。

（二）研修内容不清晰

班主任希望借助身边的问题开展研修，但讨论哪些问题呢？这些问题构不构成“问题”？这些问题是否为“关键问题”？这些问题是否为提升班主任核心素养的“主要问题”？这些问题是否为简单问题背后的“复杂问题”？这都是我们在确定研修内容时要思考的。问题作为班主任研修课程的载体，决定着班主任研修“营养”的丰富性。在实践中，研修问题存在边界不清等问题：第一，没有处理好独立性与合作性的关系。为了拓宽视野，班主任会依托专家培训、学校承担的各类项目来开展研修，在此过程中，如果班主任不把外部资源与内在困惑相结合并进行问题转化，就会出现用“他人问题”替代“自身问题”的情况。第二，没有处理好问题与活动的关系。研修停留在搞活动、做展示的层面，忽视了对问题追问式解决和由问题引发的理性升华，使研修成了流水账式的活动展示，与真正意义上的问题解决式研修相去甚远。第三，没有处理好广域性与聚焦性的关系。班主任是在解决实践问题中不断成长的，班主任工作坊也是围绕“事”而形成的研修共同体，研修理应着力解决班主任共同感兴趣、有能力突破的问题，但实践中存在围绕理论问题、宏大问题开展研修的现象。如“家校社协同育人的路径”就是不适合班主任问题解决式研修的话题。第四，不能处理好常规与变化的关系。基于问题开展研修除了关注常规问题，更应关注新时代的新问题，把常规问题放在复杂性视域下来思考。在实践中，工作坊关注的问题往往比较常规，不能敏锐地抓住新时代的新问题或者不能把常规问题放在时代背景下进行转化。

（三）研修过程不深刻

有问题便有问题解决，辛自强提出：“一个问题至少包含两层结构，一是问题的表层结构，如问题的细节、表现问题所用的故事、问题中的事物等；二是问题的深层结构，如问题所包含的数量关系、所体现的基本原理和问题的约束条件或规则、本质、类别等。”[①]尼尔森提出的讨论法包括客观性层面（处理信息和感官的觉察）、反应性层面（有关个人的反应和联想）、诠释性层面（关于意义、重要性和含义）、决定性层面（关注解决方案）。[②]笔者认为问题解决包括现象、价值、本

① 辛自强. 问题解决与知识建构［M］. 北京：教育科学出版社，2005：34.

② 尼尔森. 关键在问——焦点讨论法在学校中的应用［M］. 北京：教育科学出版社，2016：43.

质、策略4个层面。如何围绕问题开展“研”，决定了研修质量。在实践中，班主任围绕问题开展研修时，就问题谈问题，停留在问题的“事实层”“客观层”“现象层”“行为层”，重视“怎么办”，忽视“是什么”“为什么”，没有挖掘出导致生成问题的因素和因素之间的复杂性与矛盾性，没有展开多元、差异的对话，导致问题研修停留在“冰山之上”的问题表面，挖掘不到“冰山下面”的影响因素。不能体现“研”的深刻性的“修”很难从本源上提高班主任的思考力，有时候还会因为解决问题举措的有效性而对班主任的教育理念产生错误诱导。

（四）研修场域不互促

“修”即“修养”“修省”“修正”“修改”，意味着实践与改变。校本研修最大的优势是基于班主任的工作现场，班主任可以“做中学”“卷入式学”。班主任“提出问题—分析原因—提出解决策略—实施解决策略—进行效果评估”，再进入下一个循环，这是一条“设计‘产品’—研磨‘产品’—形成‘产品’—评估‘产品’—完善‘产品’”的相对完整的链条。每个问题解决式研修的闭环和“问题块”中的问题之间的交融式思考，能够不断提升班主任专业素养。然而，无论针对多么具体的问题研讨出多么具体的策略，其终究还是脱离现场的，班主任只有把正确的策略和理念运用到自己的教育现场并取得预期成效，才能说明班主任掌握了教育的内在规律和实施策略。但是，在实践中，班主任研修更多停留在“论”上，把学习止步于研修“学习现场”，缺少在学习与实践之间形成循环的想法、动力和将其付诸实践的行动，使研修效果大打折扣。在学校现场，如果没有把干预与改进作为问题解决式研修的核心环节，没有针对改进举措的前后对比，那么，问题解决式研修就会失去其独特价值。

六、工作坊研修发展的方向

针对实践中存在的问题，班主任工作坊校本研修可以从以下方面进行改进。

（一）源头上：从问题出发

问题，即需要研究讨论并加以解决的矛盾、疑难、麻烦。在班主任形成实践性知识的过程中，需要借助问题来激活，问题促使班主任的隐性知识变为显性知识，使班主任的教育认知借助问题从潜意识层面浮出，变成直面解决的对象。“知识是通过操作把一个困境变成一个解决了的情境的结果”[①]，班主任在问题实践中改变理解的过程。这一过程即学习，学习不是单一发生在大脑中，而是发生在教育实践中。

问题有多元属性，有真问题与假问题、隐性问题与显性问题、复杂问题与简单问题、本质问题与非本质问题之分。能体现和判定班主任专业素养的载体是班主任解决实际问题的智慧，所以，问题一定具有相对性，当班主任与问题相遇时，从能动性上来讲，体现出主动性与被动性的区别。“当一个有机体有个目标，但又不知道如何达到目标时，就产生了问题。”[②]这类问题是班主任主动提出的，带有主动性、自主性和个体化属性，不断主动提出问题的班主任会在不断思考与解决问题的过程中快速成长。当班主任没有主动思考和不断追问的意识，不能主动思考和解决问题，反而觉得遇到问题就是遇到麻烦，感受到不安和紧张，但又不得不接住实践抛过来的问题，又必须解决问题，否则自己的工作难以顺利开展，那么，这个时候的问题就具有被动属性，班主任在解决问题时也会基于即时性、功利性目的，不能推动自身持续发展。从专业性上来讲，班主任能驾驭问题，能穿越问题丛林找到真正的问题，才能理解教育的本质，才能有效解决实际问题。“一个问题是否成为其问题本身就得从主客体的对象关系上考察。”[③]在实际工作中，问题因班主任的灵透性和对实践的敏感性变得复杂和具有相对性，有的班主任能在平静的教室中看到隐藏的问题，有的班主任即使面对现实的冲击也认识不到问题的存在；有的班主任能提出真问题，有的班主任提出的是假问题；有的班主任能透过显性问题看到隐性问题，有的班主任只能看到显性问题；有的班主任能看到影响实践的复杂问题，有的班主任只能看到简单问题；有的班主任能抓住本质问题，有的班主任只能停留在非本质问题上。

问题在班主任身上体现出的相对属性，既能反映班主任当下的专业素养水平，又能预测班主任后续的专业发展质量和速度，还能作为促进班主任专业发展的有效载体。博尔诺夫认为，人在成长过程中必然要直面一些事件，如“较大的、威胁生命的危机，对全新的、更高级的生活向往的突然唤醒、号召，使人摆脱无所事事状态的告

① 杜威. 确定性的寻求：关于知行关系的研究［M］. 上海：上海人民出版社，2005：188.

② Gilhooly. Thinking: Directed, Undirected and Creative［M］. London: Academic Press, 1988：3-5.

③ 辛自强. 问题解决与知识建构［M］. 北京：教育科学出版社，2005：67.

诚，对今后生活举足轻重的遭遇，等等”[①]，这些事件对自我成长具有重大意义。

既然班主任成长离不开问题，问题与班主任相遇时体现出多元属性，且属性差异会影响班主任的专业成长质量和速度，那么，在班主任研修过程中，研究什么问题、怎么研究问题必须成为我们的研究对象。

工作坊研修问题

如何开展有效的活动以落实“双减”政策？

如何科学地编排班级座位？

如何快速引导学生回归学习状态？

期中考试后，如何与家长沟通？

如何安排好新生首次见面会？

如何制定恰当的班规？

怎样有效地说服学生？

如何表扬学生？

如何面对学生的抱团现象？

如何引导单亲家庭学生？

在“双减”政策背景下如何指导学生假期生活？

如何实施有效的课间管理和专用教室上课管理？

如何开好高效家长会？

基于问题的研修即研修以问题任务为导向，以高质量解决问题为目的。高质量解决问题依赖班主任相应的素养，那么，在从“直面问题”到“解决问题”的研修过程中，班主任又能获得哪些素养提升？哪些素养提升有助于班主任在不断发现与解决问题的过程中完善自我？这些都是研修组织者和研修班主任需要明晰的事情。基于问题的研修以班主任的实际困惑为载体，问题中有理性思考，也有情感共鸣。问题解决式研修因符合班主任培训需求而得到班主任认可。

① 周成海. 教师成长的非连续性——基于博尔诺夫“非连续性教育”思想的分析［J］. 教育理论与实践，2015（28）：32-35.

结合问题和班主任研修的属性，笔者认为，从判断班主任专业水平和促进班主任专业提升的角度看，问题解决式研修主要表现在四个层面。第一个层面表现在行动上，表现在班主任针对问题采取了怎样的解决策略，判断的标准是班主任采取的策略是否可行、科学、有创意等。第二个层面表现在认知上，表现在班主任如何思考和理解问题，是否把握了问题本质。认知水平的不同决定了班主任采取的行动干预的不同。在班主任研修中，问题打破了班主任的原有认知结构，让班主任的认知从原有的平衡状态走向不平衡状态，进而使班主任获得认知重构的契机。第三个层面表现在元认知上，表现在班主任能否对自己的思考和对在思考引导下采用的策略有再思考和再辨别，这有助于班主任监控自己采用策略的恰当性和判断借助问题解决是否获得了新知识，有助于班主任养成自我批判和自我修正的意识。第四个层面表现在自我上，表现在班主任对学生的敏感性和同情心上。班主任是育人的职业，对学生情感的体察、敏感、同理心能使班主任始终保持教育的初心和避错、纠错的勇气，也有助于促进班主任行动力、认知力和元认知力的提升。问题的选择和借助问题开展的研修只有推动这四个层面共同提升，才是高效的研修。（见图5-1）基于问题起点，工作坊可以进一步确立个人发展愿景和工作坊发展愿景。

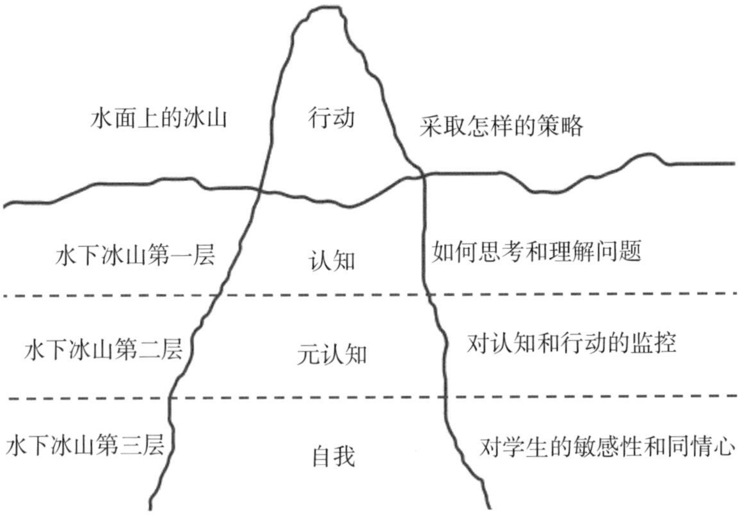

图5-1　问题引发的班主任学习内在机制

（二）深度上：问题从泛化走向聚焦

“校本研修是学校的一种研究制度，也是班主任的一种研究方式，是指班主任在教育教学实践中将遇到的一些具有个性化和真实性问题作为研究对象的一种教学研究活动。”[①]基于问题开展研修为班主任创设了围绕问题攻坚克难的场域。为此，研修目标、研修内容、研修方式和研修成效只有符合班主任的期待，才能调动班主任的参与积极性。校本研修本质上是行动研究，以解决班主任实际问题为根本。如果班主任关注宏大、需要长线研究的话题，就会使研修走向空洞，也会导致班主任的学习泛化，进而演变成虚假的、浅层次的学习。清晰的目标不但能激发班主任的参与感，还能促进班主任有意识地监控参与研修的效果。

“如果没有聚焦，讨论就会变成泛泛而谈，参与者也意识不到发生了什么。而如果从一个抽象或宽泛的问题开始，对话的意义就会模糊不清。”[②]研修目标与研修内容从泛化走向聚焦，要处理好以下关系。

首先是“多”与“一”的关系。班主任在实践中遇到的问题是多元的，如从班主任核心素养的角度来看，班主任需要掌握的技能包括研究学生的技能、分析教材的技能、教学内容转化的技能、协同育人的技能、沟通的技能等。校本研修不能笼统地把所有问题都集中在一次活动中，要选择最迫切需要解决、最影响班主任工作成效和职业幸福感的问题多次开展。

其次是“外围”与“自身”的关系。班主任既有对学校的依附性，又有自身的独立性，班主任研修的问题要基于学校文化，更要落在班主任群体，如“五育并举的育人策略”是非聚焦问题，“结合学生班级岗位，超越管理视角，挖掘班级岗位中的五育要素的做法”就体现了聚焦性。同时，聚焦性问题也为班主任提供了思考和探索空间。

最后是“表”与“里”的关系。校本研修的优点是聚焦小而深的问题，学生心理健康、提高学习动力、友善教室创建等虽是班主任关注的话题，但相对校本研修来讲，就显得表面化。校本研修要有“咬定青山不放松”的精神，从表象突围，选择内在问题，使内在问题形成问题块，也使“多”与“一”“外围”与“自身”之间形成平衡。如“学校学生行为习惯差”是“表”的问题、校级层面的问题，“借助班级岗位提升学生能力、培育学生美德、塑造学生人格”是“里”的问题、班主任层面的问题。“里”是本质性问题，也是班主任行动的载体，为班主任指明了行

---

① 李秀伟. 中小学校本研修的改进路向与模型建构［J］. 教育研究，2012（7）：36-42.

② 尼尔森. 关键在问——焦点讨论法在学校中的应用［M］. 北京：教育科学出版社，2016：43.

动方向和明确了行动路径。

反思是促使问题不断聚焦、研究不断深入的手段。反思包括技术性反思、实践性反思和批判性反思。其中，技术性反思是对教育手段（技术或策略）的反思，实践性反思是对教育目的的反思，批判性反思是从实践道德、伦理、公正性层面进行深入思考。如围绕“课间活动学生跑闹问题”，班主任可以开展以下几个层面的讨论与反思：第一个层面是技术性反思。班主任要思考如何避免学生不出教室，开展哪些课间活动能避免学生跑闹。针对这个问题，班主任可以与学生共同制定班规，邀请学生设计开发相关的室内活动。讨论的目的是避免学生出现安全问题，是为了学校更好地对学生进行管理。第二个层面是实践性反思。教育要尊重学生，班主任不能强迫学生不出教室，我们可以尊重学生，让学生自主讨论如何不跑闹。冠以“学生自己制定的一定会遵守、自己设计的一定喜欢”的制度，看似民主，但实际上是班主任权威下的假民主。第三个层面是批判性反思。班主任要思考课间活动的本质是什么，要明白学生有自由活动的权利，学校必须为学生提供自由活动的场域，确保学生身心健康。

在明确解决问题的基础上，工作坊可以确立整体研修目标和帮助个人确立研修目标。明确的起点与终点，能促使班主任提高研修成效。

（三）横向上：小问题构建大棋局

校本研修问题的随意性一直被人们所诟病，为此，诸多学者提出校本研修应系统规划研修内容，但由于班主任能力有限，容易在操作过程中把研修内容的规划性演变为泛在性，又回到了传统的内容泛化的培训上。

“从班主任的日常工作中可以看出，他们很少关注一般性问题，更多的是关注具体的问题。”①从笔者对班主任的调研来看，班主任也大都聚焦于具体的问题，几乎没有班主任站在核心素养的角度提出自己的困惑。然而，笔者又发现，班主任提出的各种问题又可以组成基于班主任核心素养的完整课程拼图，因此，课程设计系列化与班主任关注问题具体化并不矛盾。研修团队可以从横向和纵向上规划研修内容，横向上可以从研讨哪些问题上进行规划，纵向上可以从问题内含的提升价值

① 范梅南. 教育敏感性和教师行动中的实践性知识［J］. 北京大学教育评论，2008（1）：2-20+188.

（如知识、技能、策略、价值观、情感、思维等）上进行规划。

校本研修的内容规划可以遵循从具体问题上升到研修主题，再从研修主题细化为具体问题的路径，确保研修话题既基于班主任关注的问题又有整体规划。研修员可以先组织班主任说出自己的困惑，困惑是最直接、最表面的感受；然后引导班主任把困惑表达为问题。

案例

一位班主任把“学生听课效率特别低”的困惑转化为“如何培养学生记笔记”的问题。在此基础上，研修员可以引导班主任进一步思考“导致学生不愿、不会记笔记的关键因素是什么”。而学生良好习惯的养成与技能、认知、情感、意志等都有关系，那么，又可以把问题转化为“如何通过提升技能培养学生记笔记的能力”“如何通过明晰价值培养学生记笔记的能力”“如何通过挖掘情绪价值培养学生记笔记的能力”“如何通过系列活动培养学生记笔记的能力”等。这些问题需要班主任调动相应的理论知识，有明确的策略指向性，能帮助班主任解决困惑，并提升班主任的能力。

如上面的案例，研修主题内部系列化、研究主题之间系列化，就形成了基于班主任核心素养的由研修问题构成的促进班主任专业发展的大棋局。

在选择研修问题时，还要注意问题的共同属性。研修群体中的每位班主任既有个体的独特属性，又有群体的集体属性，还有全体班主任的一般属性。研修关注的问题应超越个性属性，把群体的痛点、难点问题作为研修攻克点。

（四）场域上：问题与行动形成循环

基于问题开展研修的目的是把学习与工作融为一体，使班主任通过解决日常问题来提高专业素养。为此，基于问题的学习是校本研修最根本、最有效的方式。以问题解决为载体的研修要延长研修的长度，把问题研讨与实践变革相结合，使问题引领实践、实践深化问题，促进问题与行动之间的良性循环。首先，班主任确定共同关注的问题，寻找问题生成的根本原因，在学习相关理论的基础上，明确改进目标，设计改进内容，规划改进路径；其次，进行实践改进，把握改进因素，记录改进历程，观察改进实效；最后，总结有效策略，发现不足，分析原因，与基于问题研修得出的结论进行对照，找到影响实效的关键因素，针对关键因素再设计新的问题开展研修。从问题研修到实践行动，再到新的问题研修、实践行动的循环可以推进基于问题的班主任研修不断深化。

基于问题、架起问题与行动之间桥梁的研修有助于班主任在解决问题中习得相关技能，在掌握和运用相关技能的过程中习得思维方式和教育理念，促进自反思、自建构、自行动、自生长。问题解决式研修把实践性知识与理论性知识合一，把制度性研修与非制度性研修合一，把集体研修与个体研修合一，让班主任在掌握知识与策略的基础上，学会应对充满不确定性和复杂性的问题。

库伯指出，学习是一个从经验中衍生概念并不断修正概念的过程。

在班主任研修的过程中，重要的不是学习系统的知识，而是基于大家面临的共同困惑，在相互讨论中，获得新认识、新策略、新思考，同时进一步在实践中运用、探索。

（五）方法上：超越问题走向人本

“教育说到底是一种彻底人性化的事业，离开了作为教育活动主体的人，教育就什么都不是。……因此，对于教育问题研究来说，最为重要和基本的方法是人本主义的方法。这种方法的核心是强调教育作为生命整体的展开，它是和完整的文化世界相契合的，是直接根植于人的全面发展的本质规定的。”[①]班主任研修的是“学生呈现出来的问题”，这些问题天然地带有主体性、社会性、情感性，问题并不是客观的、事实的对象性存在，不是班主任仅借助相关知识就能“科学”解决的。看似外在行为相同的问题，会因学生的家庭背景、适应能力、主观态度和班主任的处理方式等不同而变得复杂起来。班主任如果想解决问题，除了解与学生相关的知识外，还应有爱的情怀，能与学生心灵相通、感受学生的心情、了解学生的困境、看到每个学生身上好的一面、激发学生的潜力。古今中外教育家阐述的教育理念和教育策略都充满了人文情怀和伦理价值，直抵人的心灵，让我们感受到班主任与学生心灵双向奔赴带来的力量。班主任在着力为学生创造美好生活而努力的同时，也为自己创造了美好的生活。“了解儿童，了解他们的爱好和才能，了解他们的精神世

① 朱小蔓. 教育的问题与挑战——思想的回应［M］. 南京：南京师范大学出版社，2000：6.

界，了解他们的欢乐和忧愁，恐怕没有比这一点更重要的事了。……当班主任把每一个学生都理解为他是一个具有个人特点的，具有自己的志向、自己的智慧和性格结构的人的时候，这样的理解才能有助于班主任去热爱儿童和尊重儿童。”[①]在实践中，我们也发现，当班主任具有仁爱之心、能把自己“还原”为学生从而体悟学生遇到的困境时，班主任才会从儿童视角而非成人视角、从成长视角而非说教视角来实施教育行为。当班主任对问题感知的意义和理解发生变化时，其针对问题采取的举措也会发生相应的变化。能超越问题走向人本的班主任，其解决问题的方法更有人文性、教育性、创造性。培养班主任的人本情怀，能推动班主任实现深入式、跨越式、特色化发展。

（六）机制上：超越个体走向对话

人只有通过对话，才能不断认识自己和认识世界。对话不仅给予个人表达自身观点的机会，而且让大家在观点的碰撞甚至质疑中丰富对问题的认知和对教育工作的意义形成情感理解。班主任针对问题解决开展研修，不仅是班主任与问题之间的“我—它”主客相遇，更是班主任与班主任之间的“我—你”精神相遇。然而，班主任不愿意公开分享自己的想法、没有积累好的经验与大家分享[②]，仍是影响班主任研修质量的重要因素。为此，激发班主任积极对话与无私分享，使研修个体走向成长共同体，是提高研修质量的重要保障。

实践人类学、情境学习理论打破了人们对学习的传统观念，认为学习是共同体行为，而非个人行为；学习不是认知过程，而是参与过程；学习以不同合作参与者为中介而发生；学习不是抽象学习知识的过程，而是把知识运用于情境的过程。“学习是一个发生在参与性框架中的过程，而不是发生在个体头脑中的。这意味着，在其他很多事情中，学习是以合作参与者观点的不同为中介的。在这一定义下，是共同体，或者至少是那些参与学习的人在学习。”[③]

对于班主任的专业成长而言，认知发展不是班主任的个人行为可以促成的，而是需要在群体实践交流中生成。为此，校本研修必须充分尊重每一位班主任，关照

---

① 赞科夫. 和教师的谈话［M］. 北京：教育科学出版社，1980：9.

② 周俊，杨静. 知识管理视角下中小学名班主任工作室的现状及改进——基于浙江省的调查研究［J］. 中国教师，2022（9）：80-84.

③ 莱夫，温格. 情景学习：合法的边缘性参与［M］. 上海：华东师范大学出版社，2004.

他们的成长需求、呵护他们的成长自觉性、尊重他们的参与度，让每一位班主任都能感受到共同体对其的吸引力。在共同体对话中，班主任能够突破自身惯性思维，进行知识重构，发现后续讨论焦点等。高质量的对话能使研修中的班主任个体从“小我”走向“大我”，再从“大我”回到“小我”，推动个体学习与团体学习相互转化、相互交融，进而推动班主任深度研修。

在研修过程中，班主任把个体经验转换成集体经验，然后再将集体经验在不同班级中运用，再次转化为个体经验，在不断的实践探索中形成更多的实践智慧。班主任在各自的探索中又会产生各种问题，问题又促使班主任形成新的研究点，从问题到研究再到反思，推动实践不断变革，在实践变革中不断获得专业成长。

案例

工作坊研修推动下的家校协同育人实践

1. 工作坊的基本情况

北京育英学校是一所具有红色历史的“小初高一体化”学校，高度重视班主任梯队建设。为了保障全校各年级、各年龄段班主任都能实现专业发展，努力提高班主任队伍的专业素养和综合能力，真正落实立德树人的根本要求，学校在各校区、各年级都成立了由骨干班主任领衔的班主任工作室。郝杰班主任工作室（以下简称“工作坊”）成立于2019年10月，成员共8人，成员以青年班主任和新班主任为主，教育教学双肩挑，工作挑战比较大，但是大家有活力、有创意、有追求，是个团结奋进的团队。

2. 工作坊的研修模式

学校是九年一贯制学校，实施五四学制。在成立初的4年里，工作坊完整经历了一个初中学段。工作坊始终基于学情，以学生的需求为研究点，以课题为抓手，遇到问题就解决问题。在课题研修中，工作坊以“分析学情，提出问题—数据调研，分析问题—整合资源，解决问题—反思提炼，持续优化”的闭环开展工作。工作坊成员紧密协作，合力解决班级工作中的实际问题，在一系列问题解决的过程中，与学生和家长共同成长。

工作坊先后开展了两个以“协同”为主题的区级重点课题。随着学生身心发展和学情变化，工作坊做了一系列的探索和行动干预，从协同家校沟通内容、家校协同的方式和载体、如何协同社会资源等方面，进行了积极的探索。

（1）开展“家校生共议”系列班会

“双减”政策实施1个月后，工作坊设计了调查问卷，充分问道于学生和家长，分析问卷结果，了解学生和家长的实际需求和困惑，了解各班问题和班会要聚焦的主题，分别在各班召开了“家校生共议”系列班会。在班会上，家长、班主任和学生一同交流看到问卷结果后的感受，分析对问题成因的理解，提出打破这个局面的行动并张贴在教室，以便后续再不断调整和总结。各班的主题班会都受到了家长和学生的好评，会后家长们纷纷留言，表示要努力改变自己的育人方式。3个月后，工作坊通过再次调研，发现尽管学生的睡眠时长没有增加，但学生的“课外补习班时间”“完成家长布置的额外作业的时间”大幅减少，同时，学生“自主学习的时间”平均每天增加了半小时。

（2）研发了3版家校联系手册

从2021年3月开始，工作坊先后设计了三版家校联系手册。由于亲子矛盾频发，班主任带领家长共读家庭教育书籍《自驱型成长》，并根据此书编写了第一版家校联系手册，期待以家长的改变驱动孩子的改变。家长和老师都期待学生能够更好地安排在校生活，老师们在阅读了多本关于时间管理和自控力的书籍后，从学业、志趣、情绪3个方面引导学生自主发展，创编了第二版家校联系手册。在第二版家校联系手册中，学生可以用思维导图或者其他图文并茂的形式，对自己的时间进行合理规划，家长、老师、同学都可以填写美言录对其进行鼓励，还可以填写月总结。为了帮助家长定期思考自己的家庭教育方式方法是否得当，并促进学生提高自主管理的主动性，工作坊在第二版家校联系手册的基础上增加了家长自我评价的空间，并引导学生用“争章”的形式从学业、志趣、情绪3个维度在小组内进行自评和互评，还附上校历以方便学生了解重要时间节点，更好地进行时间管理。至此，第三版家校联系手册诞生。

（3）协同家长研发项目式任务

2022年寒假和暑假前，为实现假期作业的提质增效，引导学生提高动手实践能力，与校内学习形成互补，工作坊的成员们协同各班家长和任课老师，共创项目式任务，期待借助家长各自的工作背景，充分利用假期学习的特点，拓宽学生的眼界，为学生的生活素养落地提供实践场，也为学生发现问题和解决问题提供了可能性。比如，“多彩假期，青春有样”作业选项中，共有“提高效率，做时间的主人”“管理自己，做游戏的主人”“体验自己，做未来的主人”3个主题，贴合学生的实际生活，为学生自主解决问题提供了可能性，并做出了积极的引导。学生拿到这样的作业感到很新奇，参与的积极性很高。两个长假过去，不少学生的创意和灵感都得到了充分的展示。

通过研发项目式任务，师生间、家校间、亲子间从单方面了解升华到彼此理解。

（4）基于数据分析的目标管理

2022年9月，学生进入毕业班，升学压力较大。于是，工作坊把家校社协同的重点与学生的目标管理结合在一起。

为此，工作坊以学生学习方法、身心健康、交友情况、所处环境为要素搭建了“学生成长支持系统框架”，不仅关注课堂教学和学习效果之间的联系，还关注学生的过程性数据。为研究不同层次学生的共性和差异，工作坊的研究样本根据各班综合素质等级按3∶4∶3的比例抽取，家长、学生自愿参加每周、每月的问卷调研。参与问卷填写的还有任课老师，借此多维度地获取学生的过程性数据。每次阶段性练习后，工作坊都会对数据进行分析，形成学生的个性化报告。依据报告，工作坊有针对性地对学生进行目标管理培训、健康心理和同伴关系指导、亲子关系指导等一系列活动。个性化报告可以让学生、家长和班主任直观地看到学生的需求，并积极协同开展干预。

（5）家校协同“悦+”班会课程成果

“悦+”班会课程在实践学校修身校本课程的基础上，不断补充和完善学校整体课程结构。工作坊通过引入本课程，为学生提供了一个多维互动的学习环境，这个学习环境不仅包括班级内的互动，还涉及学校、家庭和社会的广泛参与。本课程主要聚焦学生自主发展，分为必修、选择性必修、选修，通过悦学、悦志、悦心三大模块及其下属的9个单元，帮助学生学会自我管理和培养健全人格。这样的课程体系有助于促进学生在个性化的学习空间中发展个性潜能，实现个人成长和全面发展。

（北京育英学校　郝杰）

第六章

指向思维品质的研修

班主任研修的目的，不是成为移植他人技巧的模仿者，而是成为具有良好思维品质的创造者。通过研修，班主任不仅可以获得关于班主任工作的基本知识和基本技能，而且能在教育境界、情感认知、人格情操、思维方式等方面获得实质提升。正如有的班主任在参加深度研修后所言："我整个人的想法都发生了变化，我对问题的看法与众不同了。"研修有利于改变思维方式和提升思维品质，对班主任产生有益影响。如在家长对学校教育的关注度越来越高，班主任面临的压力越来越大的当下，有的班主任提出"学校应该编制一本家长应对手册，告诉老师应如何回应家长问的问题"的诉求。这时，参加过深度研修的班主任反驳道："这种办法是不可取的，因为这种办法已经潜意识里把家长放在了对立面。"从这里，我们就能看出，面对同一问题，不同的思维方式决定了班主任不同的应对举措。

思维方式方法是班主任核心素养的基础和重要组成部分，思维品质的提高对班主任专业素养的提升发挥着根本作用。对于班主任来说，班级建设、学生指导、沟通协调等核心能力的发挥，都离不开抽象的思维品质的支持，思维品质决定着核心能力的培育质量和培育速度。为此，在着力提升班主任育人技能时，必须着力提升班主任的思维品质，思维品质的提升也会进一步助力班主任育人技能的提升。

一、思维品质对班主任专业发展的价值

（一）高阶思维与低阶思维

思维是人类特有的一种精神活动，是在实践基础上发展起来的高级认识活动。按照信息论的观点，思维是对新输入信息与脑内储存知识经验进行一系列复杂的心智操作过程。[①]思维以感知为基础又超越感知的界限，是"在表象、概念的基础上进行分析、综合、判断、推理等认识活动的过程"[②]，"由表及里、去粗取精，达到对事物本质的认识，进入理性认识的阶段……分析、综合、抽象、概括是思维操作的基本形式"[③]。

---

① 彭聃龄. 普通心理学［M］. 北京：北京师范大学出版社，2019：96.

② 中国社会科学院语言研究所词典编辑室. 现代汉语词典（第7版）［M］. 北京：商务印书馆，2016：1237.

③ 中国就业培训技术指导中心，中国心理卫生协会. 心理咨询师（基础知识）［M］. 北京：民族出版社，2012：47-48.

研究者也认识到，人的思维水平有高低之分。如布卢姆按照认知的复杂程度，将思维过程具体化为6种水平，由低到高包括记忆、理解、应用、分析、综合、评价。记忆、理解和应用，通常被称为低阶思维；分析、综合和评价，通常被称为高阶思维。高阶思维与低阶思维相比，“反思”“批判”“重构”的成分更浓。

1987年，美国教育心理学家雷斯尼克首次提出高阶思维概念，他认为高阶思维的特征主要表现为：非算法的、复杂的、有多重解的、需要应用多种标准和学习者的自我调节的，通常涉及不确定性。斯坦利把高阶思维的本质概括为3点：能使用抽象的结构进行思维；能将信息组织成一个完整的体系；应用合理的逻辑和判断准则。[①]

总之，研究者认为，“在不同的思维方式指导下，个体所形成的对个体与外部世界及其相互关系的认识，会有相当大的差异”[②]。在不同的思维方式指导下，班主任进行班级管理与班级建设的整体规划、实施的具体策略都会表现出差异，班主任的精神状态、工作激情、行为方式都会受其思维方式的制约。为此，在研修过程中，班主任应关注思维品质的培育。

（二）提升思维品质的必然与必要

班主任针对学生采取哪种教育举措取决于班主任认知的深度、广度、厚度和灵活度，而班主任认知水平的提升离不开思维的参与。班主任专业化成长的速度与班主任的思维方式有密切关系，如果研修能着力提升班主任的思维品质，将会促使班主任在实践中进行独特性、深刻性的探索，而这种探索反过来又会助力班主任提升思维品质。为此，开展立足引导班主任看见思维、研究思维、培育思维的研修具有独特价值。

从本体论的角度讲，认知是行为驱动的内核，行为是认知的外在表现。认知中蕴含思维的成分，“不同的思维结构，对于所感知到的东西的理解不同，由此也会导致不同的认识结果，进而所形成的知识就会不同”[③]。思维方式有助于班主任提高思维品质，形成科学的思维模式，进而提高育人成效。

---

① 喻平. 小学数学高阶思维的思考［J］. 江苏教育，2021（61）：13-17.

② 李家成. 学校变革中校长思维方式的更新［J］. 人民教育，2008（Z1）：22-24.

③ 殷常鸿，张义兵，高伟，等. “皮亚杰—比格斯”深度学习评价模型构建［J］. 电化教育研究，2019（7）：13-20.

从认识论的角度讲，班主任面临的客体是个体学生与群体学生，这与学科教师面临的客体是知识体系有本质差异。与知识体系的相对客观性、统一性相比，班主任面临的学生个体和群体更具有主体性与个性化，更需要班主任基于情境、基于现场、基于学生进行个别化对待。班主任育人工作的特殊属性对班主任的思维品质提出了更高的要求，因为个体思维的层次、灵活性等都会影响班主任对问题的判断。人是复杂的，人的教育也是复杂的，因此，提升班主任专业素养更需要高水平思维的参与，“思维是学习的加工器，没有思维参与的学习一定是低层次和机械的学习”①。指向思维品质的研修促使班主任把抽象的教育理论知识情境化、实践化，在多元、综合的情境研修中形成活化的教育理论。

从方法论的角度讲，方法论是探求认识事物的普遍方法。相较于学科教师与学科知识之间主体与客体的关系，班主任与学生之间是班主任发挥主导作用的双主体关系，班主任必须灵活把握外在要求与学生成长、目的与过程、集体与个体等关系，才能最大限度地促进学生发展。多边关系的把握需要班主任科学理性思维的支持，在面对相同问题的多元解决路径中，班主任既能了解自己的思维方式及其优缺点，也能了解他人的思维方式及其优缺点，使自我思维与他人思维、实践知识与理论知识相互影响、相互补充，借助科学的思维方式引领自身做出科学决策。古罗马哲学家爱比克泰德曾说过：“人不是被事物本身困扰，而是被关于它们的意见困扰。”着力于思维品质的研修能从方法论上带领班主任突破自身发展瓶颈。

（三）改变做法的前提是改变思维

班主任思维品质、思维方式与方法的差异体现在班主任的一言一行中。“语言背后处处有思维。”②笔者以班主任日常话语为载体分析思维方式对班主任思考和解决问题的影响。这里的日常话语指的是班主任群体中基本认同、广为流传的俗语。日常话语是人们日常交流表达观点的常用形式，正因为常用且切合人的基本心理需求，所以并不容易引起班主任的推敲。对学生进行管理是班主任的重要工作内容，涉及管理目的、管理内容、管理手段、管理评价等方面。围绕这些方面，班主任也形成了一定的经验并借助话语体系表达出来，进而在班主任群体中传播。如围

① 余文森，宋原，丁革民．“课堂革命”与“金课”建设［J］．中国大学教学，2019（9）：22-28.

② 李政涛．重建我们的思维方式［J］．人民教育，2016（Z1）：43-44.

绕制度制定，班主任日常话语有“无规矩不成方圆”等；围绕制度实施，班主任日常话语有“制度先行”“文化先行”“刚性制度，柔性管理”等；围绕制度评价，班主任日常话语有“制度面前，人人平等”“有错必罚”“错误面前一视同仁”“教育为主、惩罚为辅”等。

从这些话语表达中，我们可以感受到班主任在制度实施方式上的多样性，但也能感受到班主任在理解和实施制度过程中的观念和背后思维的冲突性。如在制度实施方面，是“制度先行”还是“文化先行”；在制度评价方面，如果要维护制度的严肃性，就应一视同仁，做到“制度面前，人人平等”“有错必罚”，但制度实施的对象是学生，不能为了维护制度的权威而忽视学生的感受，因此，应做到“弹性实施制度”，给学生一定的包容。

班主任话语体系之所以存在冲突性，一方面是由于班主任对此问题的思考本身就有思维方式上的欠缺，“非此即彼”“管中窥豹”式的思维方式导致班主任忽视了教育的艺术性；另一方面是由于话语是班主任教育理论经验表达的一种方式，语言存在单一性，很难概括教育情境的多元化和复杂性，能表达出“其然”，但表达不出“其所以然”，进而把教育的丰富性变得干瘪和僵化。正如范梅南所指出的那样：“语言并不足以描述经验，最好的词汇也无法表达我们隐秘世界的丰富性和独特性……语言最终是无法触到我们内在经验的基本特征和隐秘品质的。”[①]如果班主任没有认识到这种辩证性，没有建立科学的思维体系，就容易被超越实践的话语体系带偏，在实践中走向片面性，并由片面性引发冲突性。

我们以“对学生错误行为进行惩戒”为例进行分析。如果要改变班主任“错误面前一视同仁”“有错必罚”的做法，必须先改变班主任对“学生错误行为和惩戒的意义”的认识，引导班主任认识到学生是未成年人，教师所有行为的出发点是助力学生成长，如果学生犯错只会惩戒，看似是为学生负责、帮助学生养成好的行为习惯，实质上是把规则作为衡量学生的标尺。学生行为符合规则，学生得到表扬；学生行为不符合规则，学生得到惩戒，这反而是没有人的教育，学生成长服务了规则，而非规则服务了学生成长。班主任改变了看待规则与学生的思维方式后，自然就会改变做法。

① 范梅南. 生活体验研究——人文科学视野中的教育学［M］. 北京：教育科学出版社，2003：3.

二、思维品质在研修中的可视化

情境认知理论认为，思维不能脱离情境，离开了情境，人是不能思维的。也就是说，思维的发生必然依附情境，情境的创设是思维发生的必要条件。对于班主任研修来说，判断班主任思维水平、提升班主任思维品质，必须借助鲜活的情境载体来进行。

研究表明，思维是可视化的，借助一定的载体，可以让不可见的思维清晰可见。思维导图、思维地图就是人们熟悉的思维可视化工具，人们借助图形和文字把所思考对象之间的关系及属性清晰表达出来。思维依附情境、思维可表达，这也启示我们，在班主任研修过程中，可以借助相应的情境载体，助力班主任思维的可视化，进而在可视化基础上开展研修。

受皮亚杰认知发展理论影响，教育心理学家比格斯和克里斯将个人解决问题时表现出来的思维发展划分为前结构、单点结构、多点结构、关联结构和拓展抽象结构5种水平。前结构指逻辑混乱，无法理解和解决问题；单点结构指只有解决问题的一条线索，并根据该线索立即解决问题，结论不一致；多点结构指具有多个问题解决线索，但各线索彼此独立，缺乏问题整合能力，结论通常不一致；关联结构指能将多个线索关联起来解决复杂问题，结论具有一致性，但思考局限于熟悉的情境中；拓展抽象结构指能对未知情境进行概括，站在较高的理论角度进行演绎和归纳，结论具有普遍性。

借鉴以上分类分析班主任在研修中呈现出来的思维水平，具有高度吻合性。笔者以研修案例为载体，分析班主任在研修中呈现出来的思维特点及其专业发展水平。

案例

班主任针对“班里个别学生总是不交作业，怎么办”展开讨论。不同思维水平有不同的解决问题的策略。处于前结构水平的班主任认识不到问题的本质，采取的措施不能有效解决问题，如把问题抛给家长，让家长解决问题；处于单点结构水平的班主任处于低阶认知水平，就问题谈问题，如不交作业就罚抄作业，不能把影响学生交作业的相关因素联系起来，思维僵化，且抓不住问题本质，导致的结果是不但不能解决问题，反而会引发新问题；处于多点结构水平的班主任能看到影响学生不交作业的多元因素，如学习能力、学习态度、家庭、师生关系等，但不能把相关因素综合起来进行考虑，因此，会出现不同策略之间的冲突，教师会出现诸如“走近学生是否就是讨好学生”“适当减轻作业量是否会导致学生欺软怕硬”等矛盾心理，不能达到教育效果；处于关联结构水平的班主任能把影响学生不交作业的内在因素、外在因素进行分类，并从学生主体性的角度，寻找学生不交作业的内因及外因，综合考虑这些因素，找到本质因素，结合相关因素，使学生在外部环境的支持下提升学习兴趣和能力，进而引导学生自主完成作业，达到从根本上解决问题的效果；处于拓展抽象结构水平的班主任有较深的理论素养，能透过具体情境抓住问题本质，以激发学生主体为中心，综合各个因素推演出不同的假设和实施路径，但始终不脱离本质规定，并从中衍生出影响班主任行为价值取向的要素——管与理、强制与人文、他治与自治等，在具体实践与高度抽象概括之间游刃有余地切换。

在5种思维水平中，班主任思考问题的角度和解决问题的理论依据的正确性、将各种信息进行组合的完整性、解决问题结构的抽象性、解决问题宗旨的教育性都是不同的。

正如前文所言，班主任工作的起点、过程和终点始终围绕人。针对个体的人，班主任要从多个角度了解学生、帮助学生、促进学生个性化成长；针对集体的人，班主任要把个体人看作建设集体的资源，利用学生同伴交往资源、学生自组织资源等建设班集体，发挥集体的人促进个体的人发展的作用。立足思维品质的研修，在推动班主任理解“人”进而促进专业发展方面有独特的价值。第一，推动班主任对“人”理解的纵向深刻性与横向广域性。人类对人自身的研究是不断深入的，班主任对未成年学生的成长属性的认知也是不断提升的，同时，不同学科视角对人的认识成果又可以不断丰富班主任对学生的认识。借助“让思维看得见”的研修，不仅可以让班主任对“人”的认知显性化，也能让班主任的思维水平在集体研修中逐渐迈向高水平。第二，推动班主任借助对“人”的理解来提升对班级理解的深刻性。

班主任工作具有“牵一发而动全身”“一个点撬动整体工作”的特性，拥有高水平思维品质的班主任有能力从任一方面入手创造性开展班级建设。当班级创造性举措越来越丰富时，班级工作之间的联结性就会越来越强。如班干部培养可以与“同伴关系建设”“学生美德培养”“班级核心价值观”“家校共育”等建立联结，而建立多大范围的联结、如何建立联结，取决于班主任的思维水平。第三，推动班主任高效且可持续发展。正因为班主任基于人、促进人的工作属性，班主任工作“有法但无定法”。班主任依照学情、校情、社情、自身特点进行创造性探索，思维品质与实践经验合力促进班主任专业发展。

瓦托夫斯基认为：“我们的思维的成长和演化是一个形成概念的过程，是一个精心构制或多或少地系统化的结构（在其中，这些概念彼此联系起来）的过程。”①班主任思维品质的层次性体现了班主任思维的专业性，即班主任的专业知识、专业技能、专业情感的层次；体现了班主任思维的主动性，即班主任是否积极主动地面对问题、解决问题，在实践中主动成长；体现了班主任思维的活跃性，即班主任能否激活原有认知，在不断解决新问题中丰富认知结构，使自身达到超越自我的境界。

为此，通过研修，班主任要从前结构、单点结构的低水平思维逐步走向多点结构、关联结构、拓展抽象结构的高水平思维，促进思维发展。同时，研修员也要借助班主任的可视化思维，发现班主任的发展潜质，建立班主任的发展梯队。笔者在长期的班主任研修中发现，在研修团体中，班主任的思维品质有明显的分层，一般呈倒“U”形，即多数班主任的思维品质处于中间水平，有个别班主任的思维品质处于前结构水平或拓展抽象结构水平。在研修中，具有高品质思维的班主任的参与将会发挥鲇鱼效应，助力其他班主任重构自己的思维体系，进而提升思维品质。

三、指向思维品质的研修载体

指向思维品质的研修活动强调主体性与实践性。主体性即每一位参与者都是研修的主体，有参与的主动意识、主动情感，且积极调动相关知识、技能及思维进行

---

① 瓦托夫斯基．科学思想的概念基础——科学哲学导论［M］．北京：求实出版社，1982：9.

参与；实践性即研修主题和研修过程必须始终围绕班主任身边的问题。指向思维品质的研修将需要考察、培养班主任的思维品质镶嵌在研修载体中，借助研修过程不断将镶嵌因素显性化，并借助多元主体之间的对话使研修价值最大化。

研修要解决班主任真实遇到的问题，因此，研修内容要选择班主任已经遇到、正在遇到或即将遇到的情境；班主任的发展与其经历的实践活动密不可分，班主任的知识形成无法脱离其自身的实践经验，只有在实践中，才有助于班主任在现象与现象、现象与问题、现象与本质之间建立联系。

上述基于案例、情境、经验总结、工作坊开展的研修都能培育班主任的思维，而这4个载体又有共性，可总结为两类：一类为“1+N”开放性情境，一类为“N+1”封闭性情境。

（一）“1+N”开放性情境

“1”即1个一般性情境，如围绕“如何制定班规”“如何与学生沟通”“如何帮助行为问题学生”，参与研修的班主任结合自身经验，从背景、人物、过程、结果、反思等要素提供或收集N个完整的教育案例。作为真实事件的还原，教育案例不仅呈现了问题情境，而且给出了实践对策，即教育案例呈现“我是这么办”的情境，是一种遵循事实的真实情境，也是班主任真实经历的经验情境。班主任借助“1+N”开放性情境，可以完整地看到N个具体情境中事件发生的过程、情境中班主任的教育策略及其或隐或现的思维历程。在研修过程中，“N”可以是班主任阐述自身经历的教育案例，也可以是收集的其他班主任的教育案例。如侧重“整体”的带班经验总结、带班育人方略，侧重“局部”的教育案例，侧重“点”的教育情境和育人故事，都可以归纳为“1+N”开放性情境模式。

“1”为岗位制，“N”为具体做法

第一种做法：

班级每位学生都有自己的岗位，并且都是自选的，每隔一段时间进行岗位轮选。但是，班主任发现，除了班长、英语课代表等几个岗位执行得令人满意外，大部分岗位执行效果并不好。为此，班主任召开班会与学

生分析原因。当问到为什么岗位执行效果不好时，有一位学生回答："因为很辛苦，我的岗位是放学后检查所有同学的椅子是否都放在桌子上。可是，放学后总有几位同学很晚才走，我就不得不等到所有人离校之后才能检查。"之后，其他学生反驳说："这种想法是不对的。如果你觉得有困难、很辛苦，当初就不应该选择这个岗位。"同学们纷纷表示认可。

第二种做法：

某班级卫生情况一直不理想，为此，班主任采取了以下对策。第一个对策是实施班级卫生小组负责制。班级卫生由小组负责，假如这个小组值日卫生被扣分，这个小组就一直值日，直到不被扣分为止。结果有的小组总是因为个别人被连累，纷纷抱怨。为此，班主任采取了第二个对策——个人负责制。卫生由每个人单独承包，如果因为某同学没有尽到自己的岗位职责而被扣分，那么这位同学就要连续值日一周。可是，这种办法也出现了问题，有时候被罚的同学和正常值日的同学都忘记了值日，出现了无人值日的现象。随后，班主任又采取了第三种方法——组长负责制。由组长负责提醒每一个组员做好自己的值日，直到每一个组员做好为止。这种办法效果不错，但班级出现人心涣散、看见地上有纸片也不捡的现象。

第三种做法：

班主任组织学生用头脑风暴法列出班级良性运作需要完成的事务，以便每位学生在班里都有事可做；设置班级提醒员，以便查漏补缺，提醒忘记事务的同学；用表格列出岗位清单：收发作业、整理书架、卫生清洁、设计板报、盛饭、晨跑领队、浇植物……

每位学生各司其职，同时为了避免学生负责同一事务产生厌倦情绪和让学生有不同的岗位体验，班主任采取了每周轮换各项事务的办法。当然，班主任也征求学生意见，如果学生认为固定岗位更好，那么，就可以固定岗位。同时，班主任引导学生讨论应急机制，假如有同学生病或忘记了，那么，同桌（小组内成员）要及时代理完成本项工作，以保证大家养成良好的行为习惯和形成秩序意识。面对困难学生（难以胜任工作的学生，如不能及时整理书架、不认真上课、破坏卫生的学生），班主任要给予针对性帮助。

第四种做法[①]：

要尽力使既是集体对个人的每项要求同时又是集体对个人的关怀与爱护这种相互关系的准则成为集体自主活动的基础。

从四年级开始，班集体每一学季选举一名学生担任教师的助手，负责登记考勤和完成家庭作业的情况。每个学生一到课堂，就向教师的这位助手报告是否完成了作业，如没完成，要说明原因。这位助手把检查家庭作业的情况加以总结，然后向教师汇报（如有3个同学没理解题目的要求，1个同学不会做四则运算题等）。教师在每个班内都有一个或几个他所教课程的辅导员。这个辅导员是学习较好的学生，他通常走在教学大纲的前面，其知识面非常广。教师听完助手汇报学生家庭作业的完成情况后，就立即委托辅导员：请帮助某些同学学习，向他们讲解某些问题，完成某件实际工作。必要时，教师也要亲自补课。给学生补课和辅导都是在上课前进行的，课后不做任何补课。要让所有的学生放学后立刻回家，不要留下任何学生补课，谁愿意补课就在上课之前来补。由于学校的全部工作贯穿着相互信任的精神，由于把学习建立在尊重人的基础上，所以每个人都能做到首先对自己严格要求。每个班集体每年选举一名学生，负责记录同学们的健康状况。他负责登记学生在家里做早操的情况。每星期六，健康负责人要查问，谁没有做早操，哪怕仅一天没做也得讲清楚。班主任随后要同没有做操的学生进行有关自我教育的谈话。健康负责人还要随时把感到身体不舒服的学生记下来，向教师汇报。然后，教师及时让生病的学生去找医生看病。

▶ **思维训练：**为什么要“人人有岗”？“人人有岗”是指向让教育教学高效有序还是指向培育学生能力？岗位的职能除了解决事务，是否能培育美德和情感？当学生不能达到班主任制定的目标时，班主任是“追责”的思维还是“提升能力”的思维？……

① 苏霍姆林斯基．给教师的建议［M］．武汉：长江文艺出版社，2014：256-257.

“1”为学生评价，“N”为多种做法

第一种做法：

某班级学业水平测试结束后，班主任用一幅骏马图对学生进行奖励，五分之四的学生获得了一幅骏马图，个别学生没有获得任何奖励。

第二种做法：

班主任刚接手四年级某班时，学生小李有三门课程不及格，纪律性差，几乎每节课后都有老师来告状，其他同学也烦他。他总是把招惹他人当作取乐的手段，跟同学打架，随意说脏话，还经常因为各种问题被扣分，所以，分小组时，大家不愿意跟他一组。刚开始的时候，班主任为了鼓励他，特意为他定制了一些奖惩制度，如只要他完成一门作业，奖励别人是1分奖票，奖励他是3分奖票；如果这一节课没有因为纪律问题给全班扣分，奖励他5分奖票。为了避免教师硬性指派班干部对他进行管理与帮扶引发他不接受、不高兴的逆反心理，班主任与他商量，让他来选择他喜欢的、佩服的班干部对他进行管理与帮扶。班主任以为这应该是一个万全之策了，期待着他的转变，但是没两天，班干部就来哭诉说小李不听话，上课做鬼脸，班干部提醒也不听，还故意作对，气得两个班干部想退出。此时，班主任想：“是否我的评价标准只是满足了我的需求，但并不符合学生的需求？”

第三种做法：

某行为问题学生和同年级其他班学生打架，班主任组织全班学生投票，就这个学生严重违反班纪班规的现象做了一个测评。测评是道选择题：是让她继续留下来给她一次改正错误的机会，还是让家长将其带走进行家庭教育一周？结果约三分之二的学生选择让她回家接受家庭教育一周，约三分之一的学生选择再给她一次机会。

第四种做法：

在阳光银行实施一个月后，曾经热火朝天的银行却逐渐呈现衰败的态势。每个小组都有个别学生时常犯错，导致他们组经常因为一个人而减

少贴画，组员对此怨声载道。渐渐地，个别学生在难以获得贴画的同时，逐渐放弃了争取，而小组内部也慢慢产生了分歧，组员的团结意识也消散了。曾经热闹非凡的阳光银行渐渐失去了吸引力，班级中的奖励评价措施也慢慢失效。

第五种做法：

高一某班学生学习成绩比较差，习惯也比较差，经常说脏话，几乎很难听见他们能够文明交流，无论是与同伴交往还是与老师交流，总是夹杂着几句脏话。为此，班主任请同学们讨论：在学校，在教室里，与同学和老师交流，是否能够这么口无遮拦地说话？

讨论的最后，班主任提出了倡议："每个人都必须说文明的话，做文明的事，成为文明的人！"班主任还把这个倡议写进了班规。学生觉得只有班规不够有威慑力，要有相应的惩罚。但采取什么样的惩罚是大家都能够接受的呢？学生纷纷提出：做值日、罚钱、围着操场跑10圈、唱歌唱到大家都满意……各种方案都提出了，但是班主任仍觉得不是最合适的方式。这时一学生说："大家每次不是骂娘就是骂爹，如果谁再出现这种情况，我们就把骂人者的爸妈请过来，让他当着爸妈面骂自己的父母，要是他能骂得出口，咱们也就原谅他！"这一条，大家都同意。

第六种做法：

学生不喜欢做广播操，总是东倒西歪，班主任怎么讲都有几个学生不以为然。因此，班主任制定了一条规矩：如果不好好做操，就录成视频在班级展示。有一次，班主任看到某学生不好好做操，就拿出手机对着学生录视频，结果学生情绪很激动，说班主任侵犯他的隐私。

第七种做法：

一年级刚入学，学生还处在了解、适应学校规则的阶段，彼此之间还不熟悉，所以班主任决定采用每个人都有积分的方式，巩固学生各方面的细节行为，如早上进班问好、早读安静看书、饭后收拾好个人卫生、中午认真听广播等，每做好一次发就1张小花奖票，10张小花奖票能在换星星评比中贴1颗星，攒够10颗星就可以获得"纪律大挑战标兵"大奖状。从发小花奖票的第一天开始，班主任不断地和学生说，养成这些习惯，不是为了得到小花奖票，而是为了能力得到提升。大约1个月，所有学生都获得了至少1张“纪律大挑战标兵”大奖状。一年级下学期，所有的学生基本都可以遵守学校的日常规则。

自律的形成不是一朝一夕的事，它与责任感相关联，而责任感需要在团队中形成，团队的成员为了团队的发展，会要求自己做得更好。所以，从10月开始，班级进入小组评比阶段。在经历一个月的小学生活后，虽然学生开始熟悉班级生活，但要让学生对自然分的组产生归属感和责任意识还是很难的。但这时，学生开始拥有了自己熟悉的朋友。这个时期，班主任采用2～3个好朋友一组，小组共用一个积分的方式，还不定期举行好友相互收拾对方的卫生、帮助浇花等活动。学生十分珍惜友情，好朋友组队后，他们特别认真地互帮互助，努力做到更好。班会课上，班主任与学生一起讨论，询问学生是否想和好朋友做同桌，并分析和好朋友挨着坐的优势和劣势，学生能够意识到：和好朋友挨着坐，课堂讨论时，大家彼此熟悉，利于合作；但是如果不能管住自己，也会影响课堂学习。所以，为了保证学习效果，挨着自己的好朋友坐，也要保持好纪律。

有了一年级上学期的组队经验，一年级下学期进行了随机的两人组队评比活动。随机抽取，每一次都换合作对象，学生也会期待，当然还会出现一些矛盾。班主任有意识地收集矛盾问题，在班会课上进行分析，引导学生形成共识：积分的核心目的不是为了争第一，而是学会真正关心自己的同伴，看到别人身上的优点，用别人能接受的方式沟通，更好地学会合作。

随着学生交往能力的增强，他们的朋友也越来越多。在二年级，班主任引导学生交替使用自由组队和按身高自然分组两种形式结成6～7人的小组，进行小组评比，通过给小组起名字和口号、小组运动会等活动培养团队凝聚力。在三年级上学期，班主任引导学生自选同桌、自选小组、自选大组，让学生在与越来越多人的合作中，感受信任与被信任，促使外在推动力逐步转化为内驱力。在三年级下学期，学生希望摆脱积分制度，希望能自主培养管理意识、责任意识和互助意识，班级有了自主的文化氛围。

第八种做法：

三年级班主任针对班级积分评价制度征求学生意见，学生表达了以下观点：第一，不能只实施单一的个人积分评价，这会导致得不到好的积分的同学逐渐被“有色化”“偏见化”，还会导致学生之间以个人利益为主，不互帮互助。第二，班级要侧重集体积分评价，把所有学生看作整体，假如所有学生都能达到一定的标准，则集体得分，集体获得奖励。第三，在个人积分中，加大“互帮互助”的积分，减少“个人成长”的积分。

▶ **思维训练：**评价的目的是“分出好坏”还是“促进每一个学生的成长”？评价对学生成长的利与弊分别是什么？评价的效果是“把每个学生凝聚在一起，提高班级凝聚力”还是“把个别学生排挤出集体”？……

“1”为习惯培养，“N”为多种做法

第一种做法：

借助真实生活情境，给学生情感体验。班级的卫生角以往只是张贴一些文明标语或者学生制作的手抄报，但是张贴之后学生也很少关注，对学生的教育作用不大。因此，班主任将日常拍摄下来的教室整洁和脏乱的场景分别打印出来，贴在了卫生角，借助直观情境初步引发学生的情感体验。

第二种做法：

根据学生的问题成立“精英训练营”，如把在自习课上总是随意说话的学生召集起来，组建“精英训练营”，举办简单的开营仪式，并告诉他们：“你们全部都是老师筛选出来的精锐分子，如果想成为电影里的精英，就需要完成一些特别的训练任务。”在“精英训练营”，班主任可以给学生布置一些有意思的小任务，引导他们自主规划完成作业后的时间，并且及时给予反馈。比如，班主任给他们布置一个秘密任务——木头人，

在自习课打铃后，学生就不能随意说话了，这就驱动学生不得不找一些事情去做。自习课结束后，班主任把他们叫到一起及时总结评价，对表现好的学生进行大力表扬，而表现不好的学生则需要抽取惩罚条，完成小惩罚，小惩罚包括在班级内表演一个节目、完成一份阅读手抄报等。如果学生能够持续半个月在自习课上保持安静则可晋升为精英，顺利结营。

第三种做法：

班主任把学生在教室里需要完成的事务列成清单：按时进教室；认真上课；桌椅摆放整齐；课间保持安静；按时完成作业并上交；保持教室卫生……

全体学生有角色分工，并依据标准相互监督和检查，班干部则严格按照标准对每位同学实施加减分管理。标准如下。

纪律：

迟到、早退一次扣2分，旷课一次扣3分；上课讲话、不听讲、搞小动、借东西一次扣2分；书桌上的书、本子、文具摆放不整齐一次扣1分。

学习：

作业不按时完成并上交扣10分；作业少写或作业本落在家里均按没有完成作业处理，扣10分；每次考试倒数15名扣分，其中倒数第一名扣15分，倒数第二名扣14分，以此类推。

卫生：

教室卫生清扫不彻底，当天所有值日生每人扣1分，组长扣2分；值日生不按值日要求完成值日工作，值日生扣1分，组长扣2分。

加分：

作业得到“笑脸”“100分”“优”的评价每次加2分，得到“好”的评价每次加1分；课堂上受到老师表扬每次加2分；每次考试班级前15名加分，其中第一名加15分，第二名加14分，以此类推。

▶ **思维训练：**在习惯培养中，如何处理行为训练、价值引领、情感激励之间的关系？如何辩证发挥三者功能，促进学生习惯养成？如何认识习惯养成的个体差异？……

“1”为座位布置，“N”为多种做法

第一种做法：

为了让学生尽快彼此熟悉，班主任采用“十”字形座位，每周按照规则轮换，学生每周都能接触不同的同学，学生能够与所有同学尽快熟悉，并获得在学习和活动中交往的机会。

第二种做法：

班主任为了激发学生的竞争意识，把座位“市场化”，越好的座位，越需要学生用更多的积分进行竞拍。

第三种做法：

为了公平起见，班主任严格按照每周向右、向后一排轮换的规则，确保所有学生都有机会坐在教室任何位置。

第四种做法：

班主任把座位区域按照教师关注度分为一般关注区、特别关注区、超级关注区，把需要帮扶的学生和需要特别关照的学生放在“C位”。

▶ **思维训练：**座位除了有物理功能，是否还有教育功能？如何发挥座位的教育功能？如何把座位的教育功能与班级核心价值观建设结合起来？……

“1”为家校协同，“N”为多种做法

第一种做法：

班主任特别认真负责，针对小甲的学习情况，与家长进行沟通：“你家孩子很聪明，现在抓起来还是有希望的。晚上，你们夫妻俩留一个在家管孩子作业，对照回家作业记录进行检查，检查后请签上名字。我也会每

天在你家孩子的回家作业本上进行反馈。”可后来班主任才知道，家长在菜市场卖菜，早出晚归。班主任反思：“原来我一直以教师自居，用温情脉脉的面纱掩盖着自己的强势。”

第二种做法：

班主任带领学校制作《班级家校联系期刊》，每月一期，包括以下几个栏目和内容：第一个栏目是班级核心价值观栏目，主要阐述班级核心价值观；第二个栏目是班级说事栏目，学生从自身出发深度播报班级活动；第三个栏目是家长分享栏目，家长提供教育子女的观点和分享亲子故事；第四个栏目是家校联系栏目，家校阅读回执、意见征询等文件均通过这个栏目传递。班主任通过《班级家校联系期刊》建立起与家长深度沟通的平台，赢得了家长的支持和信任。

第三种做法：

班主任李老师为了调动家长参与班级建设的积极性，经常在班级大力表扬积极为班级服务的家长。有的家长认为，这种做法不妥，会侵犯学生在班级平等接受教育的权利；而李老师却认为，家长付出了理应得到认可。

第四种做法：

学校实行家委会制度，家委会下设学习部、读书部、运动部，每个部门均有部长、副部长和相应的成员。个别班主任抱怨有困难，认为家长不太积极，给点“好处”才愿意干，当家长觉得自己的孩子没有得到“好处”时，就找借口“罢工”，总感觉像在做“交易”。

▶ **思维训练：**家校育人有无边界？家庭教育与学校教育的职责分别是什么？如何把家校合作放在班级建设的视域下进行？班级建设是否为家校共育的基础？……

“1”为问题行为学生教育，“N”为多种做法

第一种做法：

为了避免学生的问题行为造成师生之间的矛盾，班主任采用“重启事件法”，让纸条承担所有。班里有个叫小雷的学生，他既是个急性子，又是个暴脾气，有了矛盾就出手，遇到问题就梗脖子。小纸条架起了班主任和他沟通的桥梁。每当他又梗脖子时，班主任就会写个小纸条，上面以思维导图形式呈现选项，等他写完后果、做完选择，班主任再继续处理。有一次，因为他下操回教室没有排队，体育委员提醒了他一下，他就要冲进教室去损坏体育委员的个人物品。这时，班主任递上了小纸条，请他写好后再办。纸条上写着事件：下操没排队被体育委员提醒，选择1：改正错误并排队。选择2：扔体育委员的东西。拿到思维导图后，他在选项后面写出后果，如在选择1后写“圆满解决问题”，在选择2后写“可能与同学产生矛盾，要向同学道歉”“被批评，心情坏”“被家长知道，被家长批评，心情坏”“老师要处理问题，耽误上课”。小雷写完后果后，自己做出选择。

第二种做法：

一天下午，小甲和小乙在争抢东西，结果小甲把小乙的脸给抓伤了。班级有“不允许动粗解决问题”的规则，所以班主任批评了小甲，让小甲先道歉，还计划利用班会课进行警示教育。因为事情发生时，有其他学生在场，于是，班主任把这几个学生叫到办公室，问他们是如何评价小甲的行为的。一个学生吞吞吐吐地说：“小甲是一时的冲动吧……”这个学生的话，仿佛打开了其他几个围观者的话匣子，他们也纷纷表示可以理解小甲犯下的错。班主任内心一震：为什么他们都没有站在我这边呢？

第三种做法：

在校园内，学生容易因为各种问题行为使班级被扣分，甚至引发安全事故。为了避免这些问题发生，班主任推出了名为“班级服务家”的惩罚措施。比如，小甲因为自身行为问题使班级扣了分，那么他就需要为全班

同学服务一周，包括帮同学倒垃圾、擦桌椅、打扫卫生等，来弥补自己给班级造成的损失；小乙今天不小心打伤了小丙，那么，小乙就需要向小丙提供小管家服务，在一周内给小丙提供打饭、打水、倒垃圾等定制服务，用自己的劳动表达歉意；小丁严重拖小组和班级的“后腿”，他要给全班同学表演节目以作补偿。

第四种做法：

学生个个不同，事却有雷同。一天中午，班主任与七年级几个男生一起走在去球场的路上，小甲挨着班主任，突然莫名地拍了一下班主任臀部说：“够翘的！”着实让班主任一愣，惊讶于现在的学生“老虎”的屁股也敢拍，但看到学生眼里满是单纯的笑意，班主任放下了说教的姿态：“谢谢你的夸奖！翘臀是健身达人的标配。对于健身的人来说，腹代表自律，臀代表性感，背代表毅力，胸代表力量，腿代表刻苦，肩代表忍耐。你经常被我盖帽，就是因为我臀大肌发达，跳得比你高。另外，屁股是人的第二张脸，只可远观，万不可瞎拍。”小甲顿悟，连自己的屁股都不拍了。九年级时，小甲腹肌清晰可见，班主任与小甲情同父子。

第五种做法：

小甲非常聪明，但总是争强好胜，从不吃亏，经常因为各种小事与同学发生冲突，搞得班里鸡犬不宁。班主任找他谈话，他还满脸不服气。有一天，班主任问他：“为什么总是跟老师对着干，不接受老师的批评？”他说：“你为什么总是针对我？我至少不是坏孩子。”

第六种做法：

小甲和小乙二人因在打闹时彼此说脏话引发矛盾冲突，最后演化成了二人的肢体冲突，这件事情在班里影响非常不好。班主任严肃批评了他们，并与他们的父母进行了沟通，说明为了在班里起到警示作用，第二天要召开班会。结果遭到家长的反对，家长认为，孩子年龄增长，自尊心也更强，班主任已经批评教育过，就不要再在班会课上讨论此事了。

▶ **思维训练：**何为问题行为？问题行为是如何形成的？学生和教师视角的“问题行为”有无差异？惩戒能杜绝问题行为吗？解决问题行为的本质是什么？……

（二）"N+1"封闭性情境

"N"即多个要素，"1"即由多个要素整合成的一个具体问题情境。让多个要素构成一个问题场域，旨在通过多个要素的"埋设"来考察班主任分析问题的思维水平、历练班主任的思维能力。多个要素设计得越有结构性、逻辑性甚至复杂性，就越会激发班主任的思维，班主任的生成性讨论也会越精彩。参与研修的班主任针对情境给出"怎么办"的策略，每个班主任都要还原为情境中的当事人，用自己的理念和经验去解决问题，从而使不同解决问题的思维多元呈现。"N+1"封闭性情境即"我该怎么办"的情境，是一种综合的情境，它既可以是完全真实的情境，也可以是改编的模拟情境。鲜活的问题情境，有利于激活班主任的认知地图，进而激活班主任的思维。

情境

三年级班主任在班里推行小组量化管理，组长根据组员的表现进行打分。小丽因经常违纪总被扣分，她要求组长对她网开一面，但组长坚持原则，拒绝了她的要求。为此，小丽拉拢其他组员孤立组长。组长找到班主任，表示自己不想当组长了。如果你是班主任，你会怎么做？

在这个问题情境中，预设了"组长"与"组员""违纪"与"扣分""同伴关系"与"管理关系""管理"与"教育""量化"与"非量化""个体"与"小团体""制度"与"班风"等N对要素，没有唯一的答案和解答思路，但情境中隐藏的信息、信息之间联结的路径和价值指向给班主任提供了思考空间，也为专家了解班主任思维模式和水平做好了铺垫。（具体可以参考第三章）

不管是"1+N"开放性情境还是"N+1"封闭性情境，班主任的核心工作都是"人"的工作，指导"人"形成规则，对"人"进行奖惩，对"人"的行为进行指导，指导"人与人"之间的关系。那么，为什么会出现各种困惑和挑战呢？是因为在"人"（教师）与"人"（学生乃至家长等）之间存在一个"媒介"（要求），班主任在用各种"要求"来规约或引领学生，而"要求"深入人心需要"关怀"与"爱护"。班主任如果能辩证地把握"要求"和"关怀"与"爱护"之间

的关系，且以充分的“信任”作为底色，其行为的教育性就会体现出来。（见图6-1）

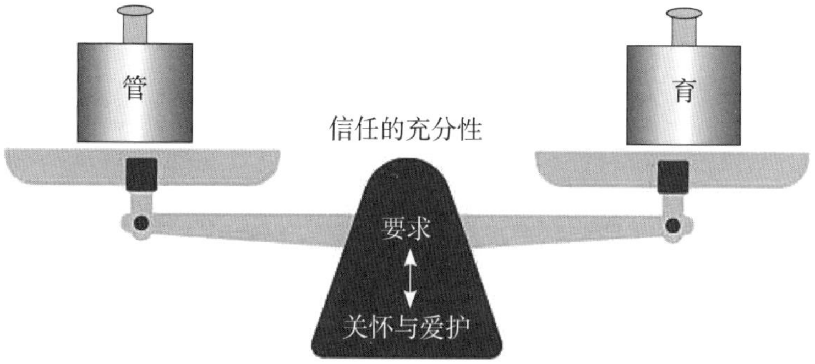

图6-1　“管”与“育”的天平

四、提升思维品质的研修机制

分析、比较、概括、评价等都是一般意义上的思维方式，班主任工作的思维方式应体现班主任工作的独特属性、接近班主任工作的基本原理、反映班主任工作的内在规律，助力班主任解决问题，推动班主任工作的变革与创新，进而提升班级的育人价值。

（一）聚焦4个维度开展研修

班主任工作是一项借助“事”来培育“人”的工作。所有的“事”都可以转化为“如何育人”的问题，如“组建班委”的事可以转化为如何借助谁当班委、班委领导力培养、班委怎么当等问题达到育人目的。不管是预设的“如何育人”还是已经实施过的“如此育人”，班主任的应对策略都应包含4个要素，分析问题、明确目标、解决策略、育人成效，分别对应研修的视角维度、目标维度、策略维度和成效维度。从4个维度进行考察和分析，每一维度都包含了班主任专业素养的若干水平，班主任借此分析自己处于哪个专业水平阶段和如何从4个维度提升专业素养。（见图6-2）

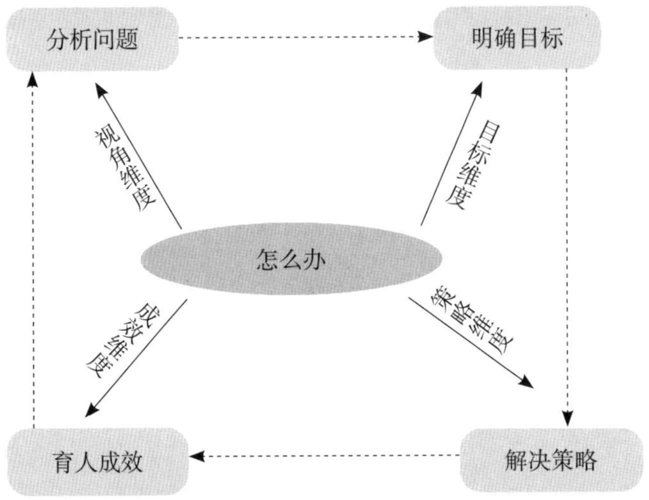

图6-2　班主任基于问题研修的4个维度

笔者以之前提及的“学生自治”案例进行分析。

第一，视角维度。在班主任的工作中，都隐藏着看问题的视角。对于一个问题，班主任如何分析、从什么视角分析，背后都隐藏着班主任对问题的思考，都蕴藏着班主任的思维方式。如“每位学生都有自己的岗位”，通过加减分督促班规落实，体现的是功利视角、“为师”视角，班主任希望用短平快的方法解决班级问题，以提高自身工作效率；“设置班级提醒员，以便查漏补缺”“每周轮换各项事务”“讨论应急机制”“给予针对性帮助”，体现的是教育视角、“为生”视角，班主任解决问题时从学生立场来思考问题的，目的是借助班级载体来培育学生，合作、帮助、支持是核心理念。

第二，目标维度。教育的宗旨是立德树人，班主任工作是直接与人打交道并借助人的资源来促进人的发展的工作。简单来说，班主任工作就是把每个独立的学生个体“1”凝聚成集体的“1”，再通过集体的“1”促进每个学生个体“1”的发展。为了把集体“1”的资源转化为教育资源，班主任会借助学生自组织建设、规则建设、活动建设、师生关系建设、生生关系建设等来推动集体建设。因此，在班级管理与班级建设的每项工作中，都隐藏着班主任的育人目标。如有的班主任的举措指向“有序”，即班主任采用分工和严格的加减分机制，目的是让学生行为有序、班级纪律有序，把教育目标仅仅定位在学生的外在行为上，且更侧重于结果的追求，而忽视了学生培养的过程，也忽视了学生行为背后的价值、情感、人格和能力的培养；有的班主任的举措指向“育人”，即班主任采取很多的举措，目的不仅是让学生养成习惯、让班级有序，还希望培养学生的自主能力和乐于助人、团队合作等积极价值。同样是人人有事做、事事有人做，但后一种班主任赋予其实现的目标更加多元、更加丰富、更加立体。在这个过程中，班主任不仅注重培养学生良好的行为习惯，而且注重培养学生积极的价值、情感、人格。比如，教师的助手把检查家庭作业的情况加以总结，然后向教师汇报；教师的课程辅导员接受委托帮助某些同学的学习，向他们讲解某些问题，完成某件实际工作。学生在岗位中习得负责、关爱、互助等积极精神，在积极情感滋养中获得个性自由发展的空间。

第三，策略维度。班主任的每项工作最终都会落到策略和行动上。面对同一问题，不同班主任解决问题的策略是不同的，不同策略背后蕴含着班主任思考和处理问题的不同方式，体现出班主任在解决问题时的思维水平。有的班主任思考问题的思维方式单一，解决问题的策略也单一，仅仅是把任务进行分工、把学生行为表现以分数标准化，就学生行为管理谈学生行为管理，没有把“管”与“育”，“行为”与“价值”“品格”“人格”“情感”等进行连接。有的班主任采取的策略实现了“点”与“点”“点”与“面”“面”与“面”之间的连接。“用头脑风暴法列出班级良性运作需要完成的事务”“每位学生各司其职”“每周轮换各项事务”“引导学生讨论应急机制”“同桌（小组内成员）要及时代理完成本项工作”“给予针对性帮助”，以上每个策略都指向“育人”。“人人有事做、事事有人做”把“学生”与“事务”“学生”与“学生”“学生”与“班主任”都进行了连接，策略丰富多维，且通过一个载体把很多因素都积极调动起来。所以，在研修过程中，我们可以从策略维度分析班主任的教育理念，同时，通过策略的研讨开阔班主任解决问题的视野，在体会不同策略中提升与丰富理论认知。

第四，成效维度。每一位班主任都是围绕班级管理与建设开展工作的，为什么实际成效却有很大的差异？同样经历了模仿期、熟练期、创作期、专家期，为什么有的班主任停滞不前，有的班主任能不断突破自我？思维方式是不可忽视的因素。不同的思维方式决定了一件事情的成效，也决定了班主任的成长速度和质量。有的班主任采取的教育举措，显性的教育成效是学生行为有序、班级秩序感提高，但也会有隐性的负面教育结果，如学生被动成长、学生之间情感冷漠等。因此，功利的、散点式的思维模式对学生的成长影响从根本上说是消极的。有的班主任采取的教育举措，成效是学生不仅收获了行为养成，而且习得了友谊、关爱、互助、支持等积极价值和情感，学生的成长是积极的、全方位的。从成效维度开展研修可以促进班主任反思教育本质和自身在理解教育问题时的思维方式特点。

（二）紧扣两个层面开展研修

1. 策略层面

不管是“1+N”开放性情境还是“N+1”封闭性情境，都围绕班主任针对某个问题的认识及其解决策略展开，这些解决策略是班主任思维的外显表达。在策略呈现环节，着重从事实层面对班主任思维进行分析。事实层面指班主任能否把情境中暗含的事实（包括背景、事件、结果等）客观地分析、表达出来，并分析事实之间内在的关系。

第一，分析班主任提出的策略。因为聚焦于“怎么办”的策略，再加上实践性思维占主导，面对问题情境，班主任一般聚焦于解决问题的基础性目标。比格斯和克里斯提出的5种思维水平中最根本的要素是关系，即班主任能否理解教育中的各种关系和建立关系的复杂程度，班主任建立的关系越多元复杂，班主任的思维水平就越高。关系是实践的本质和班主任能力提升的本质，“班主任的教育能力是通过在关系与现场中的实践活动，而不断发展其教学能力与智慧的，他的能力是在关系中生成的，逐渐显现的”[①]。班主任根据情境讨论策略的过程，就是分析实践中人与人、人与事之间关系的过程。思维水平越高的班主任，其所把握的事实中蕴含的关系就越体现本质性、多元性与复杂性。如班主任在解决“学生自主解决班级事务”这一问题时，把“班级事务”“人人参与”“培养能力”“提升品质”“建设友善班级”进行了紧密的连接。

第二，筛选出高水平策略。高水平策略的特点是体现可操作性、创新性、系统性。实践中蕴含的关系是丰富、多元、复杂的，研修员要善于从班主任提出的策略中挖掘出具有创意的、指向解决根本问题的策略。班主任工作的核心是育人，班级中所有要素的旨归都是服务学生成长，所有事物都可以被班主任转化为教育资源。为此，面对常规工作，班主任总有不常规的解决办法。如面对小学一年级学生的行

---

① 姜勇. 从实体思维到实践思维：国外教师专业发展新取向［J］. 外国教育研究，2005（3）：1-4.

为养成教育，班主任的策略就五花八门：班规儿歌化、仪式教育强化、口头约定、通关练习、学习关于规则的绘本、制定弹性规则等。可以说，这些策略没有定法，却有共同的特征，即把学生当作“大写的人”。

第三，再次研磨高水平策略，提炼实践关系。班主任提出的策略从不同角度解决问题，这有助于班主任在不同角度之间建立联结。如上述五花八门的策略都具有创新性，围绕班规的落实挖掘出了影响班规实施的多个要素，把班规与儿歌、仪式、游戏、绘本、讲故事、角色体验、一日生活、弹性规则、情感认同、能力训练等结合起来进行思考。可以看出，班主任的思维具有广阔性，能从不同角度思考规则教育，而非就学生外在行为达标谈规则，有利于打开班主任的视野，提高班主任思维的深刻性，使班主任看到他人是把哪些要素如何进行联结的。诸多策略能帮助班主任把实践中的逻辑关系建立起来，从多个角度去灵活解决问题。班主任能从各个要素出发，与相关要素建立联系，构建交错复杂的“关系网”，进而形成丰富的教育策略。

一般来说，集体研修时，研修员在策略呈现环节，就能判断出班主任的思维水平。研修员尤其要注意在每位班主任给出策略时就要把握其策略背后的学理。研修员通过对话，引导研修团队提升对问题的学理认知，这也是提高班主任抽象逻辑认知非常关键的环节。

2. 价值层面

班主任侧重于解决实际问题、追求实践效果，很少追问或者思考背后的原理及其隐含的理论，即班主任能把实践中的事实要素进行多点联结，但很少能把背后的价值关系进行抽离，并在它们之间建立联系，这是班主任跨越式成长的“障碍”，会影响班主任后期的迁移应用与创新突破。任何班主任分享的策略都只有“有限的合理性”[①]，为此，在班主任从策略中获取实践智慧的同时，打破制约班主任的发展障碍就要走向理性自觉反思，这就需要借助理论对实践的价值解释力，促进班主任思维水平的进一步提升。

在此阶段，班主任要从价值层面进行情境和策略分析。价值层面的分析指分析客观事实背后的理性概念，并分析这些概念之间的关系，涉及研修情境中镶嵌的价值内涵。

---

① 石中英. 论教育实践的逻辑［J］. 教育研究，2006（1）：3-9.

第一，多主体对话，思考策略背后的价值。对话环节包括3个主体的“议”，首先是当事人议，通过不断追问“为什么采取这个策略”对自己的思维历程进行反思；其次是其他班主任议，其他班主任从各自视角、结合各自经验去议，可以议当事人的做法和理念，也可以议自己的做法和理念，开展多视角的对话，提升分析、判断、综合、评价等思维品质；最后是专家议，专家既要整合所有班主任不同评论的视角，抓取典型观点，分析背后的思维特征，也要从不同视角给予上位的解答。

第二，设计问题链，助推班主任思维进阶。从上述五花八门的策略可以看出，班主任能达到多点结构、关联结构，能辩证解决问题，能看到要素之间的相互影响作用，但如何上升到拓展抽象结构和理性思维，就需要进一步从策略中进行抽离。在五花八门策略的基础上，研修员通过“为什么在制定规则前要引入儿歌、游戏、绘本”“为什么制定规则时要引导学生自主讨论”“为什么实施规则时要注重能力训练、情感认同”等问题链，引导班主任从“规则”与“生活”“规则”与“自主”“规则”与“自由”“他律”与“自律”等抽象价值认识层面理解规则与制度。

第三，用价值复盘策略，为价值赋能。在提出价值概念后，研修员可以引导班主任用关键价值来复盘工作，如在上述案例中，当班主任提炼出“规则”与“生活”“规则”与“自主”“规则”与“自由”“他律”与“自律”后，研修员引导班主任再进一步反思自己工作中是否体现出了“生活”“自主”“自由”“自律”的价值，是否能用这些价值复盘以往的实践，使班主任思维再向前推进一步，进行跨学科、跨情境的应用，使思维进入创新应用阶段，再次回到对“人的本质”的思考上。从最初案例情境的特殊化，到班主任给予不同解答的一般化，再到理性思维的结构化，实现了班主任思维的不断进阶。只有上升到结构化，班主任才能运用关于人、关于学生、关于教育的理论，结合实际情境给出特殊化的对策，外界的知识体系才能转化为班主任的知识体系，集体知识才能转变为个体知识。（见图6–3）

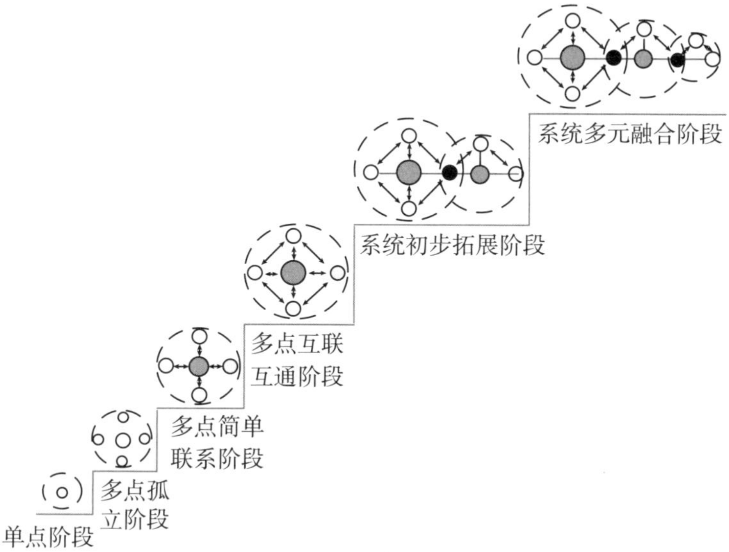

图6–3　班主任思维品质进阶阶段

教育是需要不断探索和体悟的一项工作，班主任需要在实践中不断深化对“抽象的人”“具体的学生”的认识，不断提升自身的思维水平，进而形成自己的教育信念。在这里，我们也能看到由“人”“潜能”“力量”等价值要素与实践技能中的要素构建的“关系”和这些“关系”之间的相互支撑与转化，提高班主任思考问题的广度、深度、灵活度与自由度。

同时，指向思维品质的研修一定要为每位班主任搭建平等对话交流的平台，因为“思维对话是不同个体间的心理沟通、思想交流、学术争辩、思维反省的过程。……思维对话的主体根据在于具有个性差异的现实的个人。因此，尊重每一个人的思维差异和思维权利，关注每一个人的心理体悟和学术创新，是思维对话的最基本的人性论根据”[①]。

五、建立怎样的思维方式

当班主任思考问题从通过具体策略上升到教育理性时，就会形成自己的思维方式。教育是多种因素的综合，是各种因素错综复杂的联结，教育策略没有绝对正确

① 崔永和，黄晓燕. 思维对话：哲学社会科学教研的有效方法［J］. 吉首大学学报（社会科学版），2011（5）：23–27.

的“终极定论”，一个策略会因时因地因人而产生不同效果。因此，应引导班主任走向逻辑自洽的方法论的思维层面，帮助班主任建立基本的教育思维模式。笔者以班级制度育人为例，阐述班主任如何进行思维方式的变革。

（一）走向系统化思维

教育是一个极具复杂性、全域性的概念，任何一个行为都有可能会影响教育场域中的学生的教育成效，但反观多年来班主任的实践，往往存在缺失系统性思维、就事论事的问题，影响其专业发展。系统性思维即把教育看作一个有机整体，认识到一切事务之间是相互联系、相互制约的，任何环节中的任何要素的变化都会对其他环节和要素产生影响，任何一个要素都可以撬动整体的变革。在研修中，系统性思维引导班主任要看到教育中的各个要素及其功能和要素构成的整体及其功能。

在实践中，几乎所有班主任都认为“无班规不成方圆”，但也有个别班主任认为“未必班班都有班规”。“无班规不成方圆”只表达了制度存在的必要性，而没有表达制度实施的条件性，即班主任在发挥制度育人、管理育人时需要具备的核心素养和班主任对制度本质规定性的深刻把握。“未必班班都有班规”也没有考虑班规与文化之间的关系。要解决班主任对“制度有没有必要”“制度与文化之间的关系”的认知冲突，就需要班主任建立系统化思维，深刻把握与制度相关的多元要素，把“碎片”思维进行系统化“拼图”，整体考虑制度的运作。

第一，把制度放在文化的“拼图”中。人是关系中的人，人一定是在与他人的交往中成长的。个人正是在为他人负责中成长为有责任的自我，并形成良性的个人与群体的关系的。学生的成长也是如此，学生正是在与同伴实践交往的过程中习得了积极的情感、获得了自我精神的成长。同时，学生的情感态度价值观，一定是在具体的生活中形成的。班级作为学生重要的公共生活场所，以自身文化勾勒出了学生的思维方式和行为方式。班规等制度作为班级文化的要素之一，本身应与班级文化保持一致，其遵循着班级精神，同时又塑造着班级精神。如果班主任视规则至上，奉行严苛管理，就会与以人为本的班级文化产生冲突，就算有制度也不能发挥出教育的作用。班级和谐、公正、高尚的文化氛围是班级制度实施的重要条件。如果班主任能正确认识规则的本质属性，把握规则实施过程，那么，学生的班级制度生活就能与班级日常生活和谐一致，使班级氛围、师生关系、班级制度、班级活动等都能成为促进学生道德成长的载体。有的班主任正是通过文化带动学生行为的，因为文化中自然有对学生行为的要求，班级并非没有规则要求。

第二，把制度放在场域的“拼图”中。班级规则和各种管理制度是建构学生良好公共生活的需要。公共生活需要自我站在他者的角度，进而促进自我与他者获得发展空间的最大化。为他性、站在他者角度考虑问题不是靠外在规则的约束、成人的强迫就能让学生形成的。“我信奉道德准则并努力践行”是道德发展的最高阶段。这个阶段的达成是道德自我的实现，而道德自我的实现建立在道德自由的基础之上。因为每位学生的道德认同和道德践行都是在不断的道德体验基础上，通过不断地自我反思、自我修身，形成追求德性的内在精神，进而形成道德人格。基于控制的班级环境无法培育出具有道德精神的学生。因此，班主任要发挥规则等制度的育人价值，必须尊重学生，给予学生最大的自由空间，引导学生民主讨论制定班规、解读班规、实施班规，不用细致的条条框框约束学生，而是让学生在民主、公正的班级中形成和发展自己的道德理解和道德认同，帮助学生实现道德自我。标准的、正确的行为可以通过外部训练让学生习得，但让内心获得满足的道德自我的形成却一定是建立在自由、自主的基础上的。因此，除了要认识到“无规矩不成方圆”中规则的必要性之外，更要认识到规则实施的各种条件支持。

（二）走向复杂性思维

世界上的万事万物都处于普遍联系之中，万事万物都是变化发展的；任何事物都包含着相互对立的两个方面，所有对立的两方面都是相互依存、相互包含、相互转化的，万事万物既相互对立又趋于统一。教育情境是复杂的，每个学生的成长路径也是多元的，为此，班主任在处理同一问题时也需要树立复杂性思维，理性、谨慎地关注每一个教育细节。

在制度实施过程中，会涉及“班主任”“学生”“制度”三个要素。在“班主任”与“学生”这两个要素中，涉及“公平对待”“差异对待”等；在“班主任”与“制度”这两个要素中，涉及“统一制度”“弹性制度”等；在“学生”与“制度”这两个要素中，涉及“有错必罚”“教育为主、惩罚为辅”等。导致这些认知冲突的一个重要因素是“公平”，“公平”的实质涉及如何理解人、如何理解教育的问题。

平等、公平一直是被人思考和研究的对象，涉及政治、经济、文化等人类社会基本领域。正如教育公平那样，从结果公平到过程公平，从追求每个人的一样到追求每个人的不一样，都体现出人们对公平本质理解的进步。中国社会对大同的论述是“大道之行也，天下为公，选贤与能，讲信修睦。故人不独亲其亲，不独子其子，使老有所终，壮有所用，幼有所长”，可以看出，中国社会对“平等”的理解不停留在用“规则”制定出“平等”，不意味着给予学生“一样”的“对待”就是平等，而是把制度实施融入人性和道德思考的体系中。

制度面前“公平对待”的说法仅从制定“规则”的角度上做了考虑，意味着“规则”对每个人都是平等的，对学生的行为一律用统一的规则进行考量，没有个体差异，也没有区别对待，强调了规则的普适性。正因为班主任认可了“制度面前人人平等”的说法，所以，“统一制度”“有错必罚”的话语也就有了逻辑上的正确性。但从规则促进人发展的属性和教育属性来看，班主任不能仅站在制度层面来理解制度实施，而要站在学生角度，把制度融入教育体系和人的发展体系中来理解，看到教育和人的发展的复杂性，为此，也就有了“弹性实施制度”“教育为主、惩罚为辅”的说法。在评价过程中，班主任先要把“规则”和“学生”的位置摆正，让学生驾驭规则，而非用规则驾驭学生。

“规则驾驭学生”意味着奉行规则至上，学生隶属于规则。班主任通过制定的外在标准和一系列评价机制把学生训练成符合规则要求的人，所有学生按照规则行事，不敢越雷池半步。这种模式中的“规训”思维是首位的，人成为服务规则的工具。这种思维模式一定是僵化的、容易走向极端的。如班主任随意以学生违反规则来惩罚学生、以管理学生为由强制没收学生手机、随意翻阅学生私人物品。在规则面前，人的尊严被淹没了，人成为被动服从、被动管理的对象，思考能力、辨别能力、判断能力、决策能力逐渐减弱。同时，这种思维方式会把班主任与学生、班干部与其他学生之间的关系变为“督察”与“被督察”“压制”与“被压制”的关系。随着这种关系的出现，欺负、鄙视、人情、贿赂、要挟、强权等严重损害未成年人身心健康成长的现象就会出现，在日复一日中，就会潜移默化地“成就”了一批学生，“抹杀”了一批学生，不管是“成功者”还是“失败者”都可能成为“工具人”或“理性缺失”的人。

“学生驾驭规则”意味着奉行人至上，把人作为独立存在的人，认可人的主体性，尊重人的尊严，让人的自由、理性精神充分绽放。在培养学生的规则、制度意识的过程中，拒绝成人的独断专行、压制、偏见、唯我独尊，而是充分张扬人的理性，让学生在公共生活中学会制定尊重每个主体的规则。在实施规则中给予学生充分张扬个性的空间，承认个体自由，倡导民主精神，让学生遵守的规则是基于自我选择的伦理规则，是基于尊重每个人的公平公正的规则。正如《中小学德育工作指南》指出，教育和引导学生学习运用马克思主义基本观点和方法观察问题、分析问题和解决问题，学会正确选择人生发展道路的相关知识，具备自主、自立、自强的态度和能力，初步形成正确的世界观、人生观和价值观。

班主任要把学生当作“主体人”而非“工具人”，才能摆脱强烈的塑造心态。不按照既定的轨迹来规约学生，而是给予学生充分表达观点的空间，这无疑需要班主任建立复杂性思维，根据人、情境等综合判断应采取的措施。

（三）走向综合化思维

学生成长是多方面的，班主任在培育学生的过程中，应该看到学生成长的综合化。学生在成长过程中，不仅有行为等外在的变化，而且有价值观、情感、人格等内在的变化。可以说，没有学生内在的变化，学生外在的变化或者是短暂的，或者是虚假的，或者是不牢固的。班主任应该综合培育学生，站在学生发展核心素养的视角来培育学生。

在实践中，班主任对制度实施的目标缺乏深度考虑，也就缺乏相应的直接话语表达。但我们可以通过“制度面前人人平等”“有错必罚”“不惩罚无法维护制度的严肃性”这些话语，推测出班主任对制度实施目标定位的单一——追求学生行为的整齐划一和班级有序。目标代表着方向，方向的迷失影响行动的质量。

2001年开始的新课程改革早已提出教育的三维目标，要求教育不仅要关注学生知识与技能的发展、学习过程和学习方法的发展，还要关注学生情感、态度和价值观的发展。三维目标是统一的整体，相互依存、互为基础，是学生全面发展必不可少的因素。2016年，《中国学生发展核心素养》在北京发布，提出核心素养以培养“全面发展的人”为核心，分为文化基础、自主发展、社会参与3个方面，综合表现为人文底蕴、科学精神、学会学习、健康生活、责任担当、实践创新六大素养，具体细化为国家认同等18个基本要点。各素养之间相互联系、相互促进，在不同情境中整体发挥作用。不管是三维目标还是核心素养，其不仅是教学目标，也是管理目标。

第一，在班级制度实施过程中，班主任应引导学生习得有关规则和制度的知识。班主任应让学生了解生活中的基本规则、每个人的权利和责任、制度的意义和属性、自我保护或寻求帮助的途径等，让学生懂得作为公共人应获得的制度知识。学生获得知识有主动建构与被动接受之分，学生获得的规则认知是班主任告知的被动的“知识点”，还是学生主动建构、自我认同的规则知识，这与班主任在管理过程中是否发挥学生主动性、尊重学生主体认知、培养学生道德理性有很大的关系。

第二，在班级制度实施过程中，班主任应培养学生的相应技能。管理育人的价值是教给学生参与公共生活所需要的制定规则、实施规则、维护规则、评价规则等技能，让学生能够协调人与自然、人与人、人与社会的发展，懂得维护公共生活秩序。在这个过程中，班主任要着力培养学生的判断力，教育和引导学生自由地思考和判断，不盲从、不迷信，对不同的价值观和行为方式有足够的理性判断能力，能通过表达、讨论、辩论、说理、妥协、拒绝等不同方式维护自己、他人或集体的权利。如当学生违背规则时，不是一味地惩戒，而是通过系列问题引导学生自我反思：我的哪些行为违反了学校和班级规则？我侵犯了别人哪些权利？对此，我做哪些解释？我做些什么能改正错误或者解决问题？只有这样，才能引导学生站在他人的角度思考自身行为，在团结友善的班集体中，让学生逐渐自律，成为主动守规则的人。

第三，在班级制度实施过程中，班主任应滋养学生的情感态度价值观。管理的最终目的是育人，管理背后蕴含的价值观是引导学生成为有道德的人。因此，管理本身应是充满人文关怀的。学校管理制度的设计不应把学生作为“工具人”，而应把学生作为“生命人”。管理有追求秩序之意，客观上有权威性、强制性，但管理面对的是人，所以还有人文性、情感性和道德性。管理的权威性、强制性离不开管理的人文性、情感性和道德性。在班级中，如果学生没有对班主任的认可，没有对同伴的关爱，没有彼此之间的信任和情感认同，那么，再“强硬”的制度也只是一个空壳。如班主任可以围绕班级核心价值，引导学生每月总结自己的道德事件（为班级尽心尽力做的事情、帮助同伴的事情等），引导学生规划自己的品格目标。班主任引导学生“重新把握生活过程或存在过程的意义，思考应该怎样生活的道德问题，通过这种把握和审视而审视公共生活，通过自我反思而反思公共生活，通过个人生活的再道德化而重建公共生活的道德价值，通过参与公共生活的言行的道德化而使公共生活实现对每一个人的庇佑”[①]。因此，指向单一的“碎片”思维必须走向

① 金生鈜．规训与教化［M］．北京：教育科学出版社，2004：110.

综合，才能促进教育目标的全面实现。

（四）走向教育性思维

班主任要认识到教育的最终目的是培育人。培育人是最高目的，教育手段都是为了最大限度地促进学生自我实现，让学生成为有道德的人。教育要培养学生具备适应社会、改造社会的能力，教育要着眼于未来而不是局限于当下来培养人。教育要推动社会发展进而服务于人的发展，解放人是首要条件。教育尤其是管理要尊重人、解放人，让学生在自主解决问题、自主决策、自主探究中学会自主成长。班级是培养合格公民的场所，是奠定学生未来走向社会是否具备公共理性和公共精神基础的场所，班级制度要促进学生道德成长和独立人格的发展。

制度作为教育运行的一个要素，其良好作用的发挥离不开班主任对各个要素的全盘考虑。班主任在实施管理时，如果仅站在“制度”“管理者”的角度，把自己当作高高在上的管理者对学生行为进行评判，而忽略了学生的错误行为是各种因素相互作用的结果，忽略了学生的身心特点、外在环境、人际关系、班级氛围等对学生行为的影响，是不会产生良好的教育效果的。诸多教育实践也表明，班主任消极的评价并不能使学生的失范行为减少，而积极的评价反而更有利于促进学生减少失范行为。因此，班主任应回归到教育本质上建构自己的思维方式。

为了避免思维单一、片面、僵化，班主任要始终把自身行为是否具有教育性作为自我评判和反思的首要标准。在制度实施过程中，班主任要避免简单的“行为+后果”的逻辑思维方式，给正确行为以奖励，给错误行为以惩戒，而忽视了中间的教育过程。班主任的任务不是对学生不合规行为进行简单的结果式惩戒，而是要深入分析学生犯错的原因，寻找帮助学生的手段。为此，班主任应本着宽容的原则，最大限度地发挥管理和制度的育人价值，给予学生基本的人格尊重，给予学生思考和改正的空间，尤其要看到不同阶段学生身心发展特点，给予针对性的教育引导，采取恰当的纠错机制，本着以评价促成长的原则来发挥制度在促进学生发展中的价值。

为了让制度彰显活力，班主任要在班级场域的视角下认识制度。人是社会性存在，学生正是在班级中获得学习动力、习得学习能力、找寻学习意义的。因此，学生习得的知识、技能、情感、态度、价值观都具有交往属性。班级作为社会“雏形”，为学生提供了交往的空间和各种情境。学生正是在面对和解决各种问题的过程中，理解了规则、制度的意义和价值，并习得了各种技能。为此，班主任应加强班集体建设，给学生创造各种与他人、集体交往的机会，多开展集体活动。“制度只有在文化浸润中，借助系列文化活动才能彰显其力量。”①班主任不仅要鼓励学生多参加本班、本校的活动，还要多组织和鼓励学生参与社区活动和各种志愿服务活动。在交往和实践活动中，激发学生追求善的、正当的生活的内驱力，形成善的生活的品质，使学生自主、自觉的成长，为制度落实保驾护航。

“思想与话语不可分离。”②构建以生为本的班主任实践体系，需要班主任建立科学的思维方式。以上4种思维方式变革的目的是推动班主任实践体系的变革。首先，走向平等的师生关系。班主任要尊重学生的主体属性，尊重学生的人格，把学生作为独立、自主的个体，避免用角色权威建立不平等的师生关系，成为学生成长的合作者和支持者。其次，走向对话的师生关系。学生是在交往中获得成长的，班主任的管理过程本身就是师生交往过程。只有建立对话机制，班主任才能真正了解学生对于管理机制的感受，引导学生基于自身成长需要建立自主管理机制，在自主管理过程中习得有关制度的知识，建立遵循制度的积极情感，提高自主管理的能力，提升学生的综合素养。最后，走向支持的师生关系。班主任要担任学生成长永远的支持者。当学生遇到问题，班主任不应指责与惩罚，而应想办法帮助学生，让学生走出困境，进而获得成长。

班主任要把握教育的科学性与艺术性，必须建立科学的思维方式。同时，教育是复杂的，班主任面对的教育实践也是复杂的，为此，需要班主任在教育实践中丰富对学生和班级育人的认识。班主任要多实践、多总结、多提炼，建构科学的思维方式，形成科学的实践体系，构建艺术的话语表达体系，以此彰显班主任立德树人的情怀和素养。

---

① 李秀萍. 三种视域下的班级制度建设路径解析［J］. 教学与管理，2021（1）：27-30.

② 李福华. 对高等学校学生权力的探讨——学生主体地位的政治学视角［J］. 教师教育研究，2004（2）：15-21.